미디어 리터러시

생각이 크는 인문학_미디어 리터러시

지은이 금준경
그린이 이진아

1판 1쇄 발행 2019년 10월 25일
1판 8쇄 발행 2024년 12월 1일

펴낸이 김영곤
프로젝트2팀 김은영 권정화 김지수 이은영 우경진 오지애
아동마케팅팀 장철용 명인수 송혜수 손용우 최윤아 양슬기 이주은
영업팀 변유경 김영남 전연우 강경남 최유성 권채영 김도영 황성진
디자인팀 이찬형

펴낸곳 (주)북이십일 을파소
출판등록 2000년 5월 6일 제406-2003-061호
주소 (우 10881) 경기도 파주시 회동길 201(문발동)
연락처 031-955-2100(대표) 031-955-2177(팩스)
홈페이지 www.book21.com

ISBN 978-89-509-8397-0 43300

책 값은 뒤표지에 있습니다.

KC
• 제조자명 : (주)북이십일
• 주소 및 전화번호 : 경기도 파주시 회동길 201(문발동) / 031-955-2100
• 제조연월 : 2024.12.
• 제조국명 : 대한민국
• 사용연령 : 8세 이상 어린이 제품

생각이
크는
인문학

⑰ 미디어 리터러시

글 금준경
그림 이진아

을파소

목 차

미디어에 손을 대려는 자, 누구인가!

새로운 미디어 시대의 빛과 그늘

올바른 시각으로 미디어를 바라보려면?

머리글

미디어에 둘러싸여 사는 우리

오늘 여러분은 어떤 미디어를 만나셨나요? 미디어는 우리 삶에서 떼려야 뗄 수 없는 존재예요. 아침에 일어나자마자, 혹은 잠들기 직전 침대에 누워 스마트폰을 켜고 유튜브를 보는 분들이 많을 거예요. 메신저와 소셜미디어를 통해 시시각각 친구와 소통을 하고요. 대중교통을 타고 이동할 때는 버스 모니터나 라디오를 통해 뉴스와 각종 정보를 접할 수 있죠. 집에서는 TV 앞에 앉아 드라마와 영화를 보기도 할 거예요.

미디어는 막강한 힘을 갖고 있어요. 우리가 직접 만나지 못한 사람들을 만나게 해 주고, 세상 곳곳에서 돌아가는 이야기를 전해 주죠. 수많은 사건 중에서 무엇을 기억해야 할지 밑줄을 그어 주기도 하고요. 미디어가 이 힘을 어떻게 쓰느냐에 따라 세상을 좋게 바꿀 수도 있고 반대로 나쁜 영향을 끼칠 수도 있답니다.

미디어를 제대로 이해하려면 눈에 보이지는 않지만 미디어를 움직이는 요소들을 살펴봐야 해요. 미디어는 누구의 손에 있느냐에 따라 성격이 크게 달라지거든요. 정부나 기업이 갖고 있는 미디어는 그들에게 불리한 이야기는 하지 못하도록 통제하기도 해요. 미디어 기업이 돈을 벌도록 해 주는 광고주의 힘도 무시할 수 없죠. 또 인터넷 시대에 포털사이트나 유튜브 같은 새로운 미디어가 막강한 힘을 얻으면서 데이터를 분석하는 인공지능이 우리에게 무엇을 보여 줄지 결정하기도 해요.

인터넷을 바탕으로 한 새로운 미디어 시대는 '두 얼굴'을 갖고 있어요. 우리의 취향을 저격해 즐거움을 주는 반면 편견을 강화하는 문제도 있죠. 개인의 사소한 일상이 콘텐츠가 되고 평범한 사람이 스타가 될 수 있는 것도 정말 좋은 면이지만, 선정적이고 자극적인 내용은 물론 차별을 부추길 수 있는 나쁜 표현이 쏟아지는 문제가 심각하기도 해요.

검열 받지 않는 인터넷 미디어 덕에 누구나 자유롭게 정치적 견해를 밝힐 수 있지만 '가짜 뉴스'라고 불리는 허위정보와 음모론 콘텐츠가 활개 치고 있고요. 인터넷상의 많은 정보들은 우리가 찾고자 하는 걸 금방 찾아 주지만, 무분별하게 남겨진 개인의 기록은 우리에게 독이 될 수도 있답니다.

매일 매일 미디어에 둘러싸여 살아가는 시대에서 이 책이 능동적인 시민으로 자라는 데에 도움이 되면 좋겠어요. 뉴스를 볼 때, 콘텐츠를 볼 때, 그리고 직접 미디어 제작자가 될 때 유의해야 할 점들을 함께 살펴보면서 무엇이 좋은 미디어고 무엇이 나쁜 미디어인지 분별하는 눈을 키워 볼 거예요. 나아가 우리의 행동이 미디어 환경을 바꿀 수 있다는 것도 알아보려고 합니다.

끝으로 미디어에 대한 책을 쓸 기회를 주고 꼼꼼하게 책의 방향성을 잡아 주신 연혜진 님을 비롯한 출판사 관계자분들께 감사드립니다. 책의 토대가 될 수 있었던 미디어 분야 취재를 가르쳐 주고 도와준 미디어오늘 구성원들과 지칠 때마다 응원하고 격려해 주신 아버지, 어머니, 누나에게도 감사 인사 전합니다.

금준경

조선시대에도 미디어는 있었다!

기원전 490년, 마라톤이라는 이름의 들판에서 아테네의 군대와 페르시아 군대가 전쟁을 시작했습니다. 치열한 전투 끝에 아테네가 페르시아를 물리쳤죠. 기쁜 소식을 전하기 위해 아테네의 병사, 페이디피데스는 자신의 고향 아테네로 달려갑니다. 쉬지 않고 달린 그는 도시에 도착해 시민들에게 승리를 알리죠. "기뻐하세요! 우리가 이겼어요!" 하지만 그것이 그의 마지막 외침이었습니다. 목숨을 걸었던 페이디피데스의 질주는 마라톤의 유래로 알려져 있어요.

갑자기 웬 마라톤 이야기냐고요? 이 달리기가 우리가 이야기하려는 미디어와 관련이 있거든요. 여러분은 미디어가 뭐라고 생각하나요? 미디어는 중간이라는 뜻의 단어, 미디엄(medium)에서 유래된 말이에요. 우리 주변에 있는 스마트폰, 컴퓨터, TV, 신문이 모두 미디어인데요, 사람과 사람이

직접 소통하지 못할 때 중간에서 대신 정보를 전해 주는 역할을 한다면 모두 미디어라고 할 수 있어요.

인류의 삶에서 미디어는 언제나 필요했어요. 마라톤의 유래가 된 병사는 전화도, 신문도 없던 시기 그 역할을 온몸으로 대신한 거죠. 당시에는 사람이 직접 정보를 전달하는 방식 외에는 마땅한 방법이 없어서 아무리 먼 거리여도 직접 전할 수밖에 없었거든요. 문자와 종이가 등장하면서부터는 서신 형식의 미디어를 통해 정보를 전달할 수 있게 되었죠.

우리 역사에서도 다양한 미디어를 찾아볼 수 있어요. 조선시대로 거슬러 올라가 볼까요? 매일 아침 승정원*에서

★ 승정원 조선시대에 신하들에게 임금의 명령을 전하던 임금의 비서 기관.

는 임금에게 올라온 글부터 주변 나라의 소식이나 신하를 뽑는 일 등 나라 안과 밖의 중요한 정보를 담은 '조보(朝報)'라는 것을 만들었다고 해요. 조보가 나오면 관리들이 이 내용을 베껴서 '관보(官報)'로 만들어 나랏일을 하는 신하와 양반들에게 나눠줬어요. 당시 기록을 보면 먼 지방으로 귀양을 떠난 선비들도 관보를 읽었다고 해요.

조선시대에 만들어진 조보는 지금의 신문과 매우 비슷하지만 조보를 가리켜 우리 신문의 뿌리라고 하지는 않아요.

오늘날의 신문과는 다른 큰 차이가 있기 때문이에요. 미디어의 중요한 역할 중 하나는 여론 형성인데, 당시의 조보나 관보는 그런 역할을 하지 못했거든요. 여론은 어떤 문제에 대한 사람들의 공통된 의견을 말해요. 왕족이나 양반 같은 높은 계급의 사람들만 볼 수 있었으니 평범한 사람들은 아무리 중요한 정보여도 접할 기회가 없던 셈이에요.

조선의 선조 임금 시절인 1577년에 아주 잠깐 일반 백성도 조보를 볼 수 있게 허락한 적도 있는데요, 국가의 중요한 비밀이 새어 나갈 수 있다는 걱정 때문에 허가를 낸 자들을 처벌했다고 하네요. 당시 나라에서 만든 소식지는 일반 백성들의 의견이나 생각까지는 담지 못한 반쪽짜리 미디어였던 셈이죠.

그러면 언제부터 미디어가 여론 형성에 영향을 미치기 시작했을까요? 서양에서는 시민혁명*이 이뤄지던 시기에 신문이라 불리는 미디어가 만들어졌어요. 이때의 신문을 '근대 신문'이라고 불러요.

> ★ **시민혁명** 시민들이 주체가 되어 봉건 제도를 무너뜨리고 민주주의의 기초를 마련한 혁명.

한국에서는 1883년, 외국의 신문을 본떠 〈한성순보〉라는 첫 신문이 만들어져요. 이어 다양한 민간 신문이 만들어지면서 오늘날 신문으로까지 이어졌죠.

조금 더 시야를 넓혀 볼까요? 신문 말고도 다양한 미디

어가 조선시대에 있었거든요. 〈홍길동전〉은 모두들 들어
봤죠? 아버지는 양반이지만 어머니는 노비였던 홍길동이
부자들의 재산을 뺏어서 가난한 사람을 도와주다 율도국
에 나라를 세운다는 내용의 소설이에요. 한글로 널리 퍼진

이 소설은 적서차별 제도*와 탐관오리*의 횡포 등 당시 사회를 비판하는 메시지를 담고 있어요. 누구나 읽을 수 있었기 때문에 평범한 사람들에게도 많은 영향을 미쳤을 거예요. 소설을 읽는 동안 평소 쌓아두기만 했던 신분제도로 인한 억울함과 나쁜 관리들에 대한 불만이 더욱 커졌겠죠?

예나 지금이나 꼭 방송국에서 정식으로 만든 뉴스여야만 의미 있는 미디어인 건 아니에요. 세계 3대 영화제 중 하나인 칸 영화제에서 황금종려상을 받은 봉준호 감독의 〈기생충〉이라는 영화가 있는데요, 이 작품은 반지하에서 사는 백수 가족들의 삶을 통해 가난한 사람들이 처한 현실을 실감 나게 보여 줬어요. 소설, 영화, 드라마 같은 작품들도 얼마든지 사람과 사람 사이를 잇는 사회적인 미디어가 될 수 있는 거죠.

이렇게나 넓은 미디어의 세계지만 지금도 어딘가에서 새

로운 미디어가 생겨나고 있어요. 함께 미디어의 세계에 대해 더 알아볼까요?

"모든 시민은 기자다."

　새로운 세기가 시작된 2000년, 인터넷에 〈오마이뉴스〉라는 새로운 신문사가 탄생하면서 많은 사람에게 신선한 충격을 줬어요. 이 신문사는 인터넷 신문 자체가 낯설던 시절에 만들어진 데다가 누구나 기사를 쓸 수 있는 '시민기자 제도'라는 것을 도입했거든요. 그동안 기자라고 하면 신문사나 방송사 같은 언론사에서 시험을 거치고 전문적인 훈련을 받아야 될 수 있는 거였어요. 그런데 아무런 심사도 거치지 않은 평범한 사람도 기사를 쓸 수 있다고 하니 어떤 사람은 불편하게 생각하기도 했죠.

　어쩌다 이런 변화가 생긴 걸까요? 그 실마리는 인터넷에서 찾을 수 있어요. 신문의 탄생을 사회적인 의미로서 미디어의 출발이라 한다면, 인터넷의 등장은 뉴미디어 시대의 시작이라고 할 수 있거든요. 그동안 종이 신문을 만들기 위해서는 큰 종이를 인쇄할 수 있는 초대형 프린터가 필요했어요. 또 방송을 제작하려면 여러 촬영 장비가 필요하고 정부에게 전파도 받아서 써야 했어요. 미디어를 만들고 내보내는 게 아무나 할 수 있는 일이 아니었던 거죠.

그런데 인터넷이 등장하면서 우리 모두가 미디어가 될 수 있는 세상이 펼쳐졌어요. 신문 지면이나 방송 뉴스에는 담지 못한 목소리를 인터넷을 통해 누구나 자유롭게 표현하기 시작했죠. 블로그, 카페, 커뮤니티, 소셜미디어 등을 통해서 말이에요. 그동안 평범한 사람들은 미디어가 전달하는 정보를 받아들이는 소비자일 뿐이었는데 이제는 미디어를 생산하는 생산자 역할도 하게 됐어요. 이렇게 단순한 소비자가 아니라 생산자 역할도 하는 미디어 이용자들을 생산자와 소비자를 합쳐 '생비자'라고 불러요.

2006년 12월, 미국의 시사주간지 〈타임〉은 '올해의 인물'로 'You'를 선정하고 "미디어 영역에서 영향력을 키워 가는 평범한 당신이 바로 올해의 주인공"이라고 발표했어요. 거대한 미디어 기업이 아닌 평범한 사람들이 직접 콘텐츠를 만들어서 세상의 중심에 서게 됐다는 거죠. 대표적으로는 동영상 사이트인 유튜브를 강조했고요. 또 우리나라의 〈오마이뉴스〉를 언급하면서 세계의 시민참

★ **저널리즘** 신문이나 잡지 등 여러 매체를 통해서 많은 사람에게 정보와 의견을 전하는 활동.

여 저널리즘*을 이끌고 있다고 소개하기도 했어요.

이제는 모든 시민이 기자인 시대를 넘어서 누구나 PD가 되고 연예인도 될 수 있는 '1인 미디어' 시대가 열렸어요. 전문적으로 블로그에 글이나 사진을 올리는 전업 블로거가 탄생했고, 자신의 유튜브 채널을 운영하는 크리에이터 등 온라인 공간을 활용하는 사람들도 많아졌죠.

그중 '미디어몽구'는 언론사에 속하지 않은 언론인이에요. 블로거이자 유튜버인 그는 남들이 잘 찾아가지 않는 현장에서 카메라를 들고 영상을 찍어 인터넷에 올렸어요. 2008년 미국산 소고기 수입반대 촛불집회, 2014년 세월호 참사 등의 현장에 찾아가서 그곳 사람들의 목소리를 생생하게 담았어요.

중요한 사건이 일어나면 여러 방송사에서 현장을 취재하지만, 정해진 시간에 신속히 보도해야 하고 다음 일정도 있기 때문에 어느 정도 취재하다 자리를 떠나요. 그리고 현장에서 찍은 내용 중에서도 중요하다고 생각하는 일부만 편집해서 방송에 내보내죠.

반면, '미디어몽구'는 현장에 끝까지 남아서 촬영을 하고 다른 방송사는 중요하지 않다고 생각한 장면들도 모두 찍어서 올렸어요. 그 결과 언론이 놓친 내용을 카메라에 많이 담을 수 있었죠. 2008년 촛불집회 때는 경찰이 집회에 참여한 시민들에게 과도하게 진압하는 장면을 많이 촬영해서 방송사에서 '미디어몽구'가 찍은 영상을 돈을 주고 살 정도였어요. 2015년에는 한국온라인저널리즘 어워드에서 공로상을 받기도 했죠.

혹시 박막례 할머니라고 알고 있나요? 유튜브를 즐겨 보는 친구라면 한 번쯤 할머니의 영상을 봤을지도 몰라요. 할머니의 유튜브 채널은 구독자가 백만 명이 넘을 정도로 엄청난 인기를 얻고 있어요. 평범해 보이는 할머니가 어떻게 이런 세계적으로 인기 있는 유튜버가 된 걸까요?

할머니가 유튜브를 시작하게 된 건 손녀 때문이었다고 해요. 치매에 걸린 자매들을 보며 '언젠가 나도 치매에 걸리지 않을까?' 걱정하는 할머니를 보고 손녀 유라 씨가 할머니와 추억을 쌓고자 여행을 떠난 것이죠. 이때 찍어서 올린 영상이 큰 반응을 얻으면서 본격적으로 유튜브를 시작했어요. 할머니의 꾸밈없는 일상과 손녀와 함께 다양한 체험을 하는 도전적인 모습은 여러 사람에게 큰 사랑을 받았어요. 박막례 할머니는 이제 미국 패션지 〈보그〉와 인터뷰를 하고 구글 본사에 초청받을 정도의 유명인사가 되었죠.

이제는 누구나 인터넷을 통해 전 세계 사람들에게 내가

하고 싶은 이야기를 할 수 있어요. 트위터, 페이스북, 유튜브, 각종 커뮤니티 등 많은 공간이 열려 있죠. 사회적인 문제를 고발할 수도 있고, 소소한 자신의 일상을 공유할 수도 있어요. 꼭 커다란 회사만 미디어가 되는 건 아닌 것이죠. 우리는 이미 모두가 미디어인 시대를 살고 있어요. 좋아하는 가수의 컴백 소식을 SNS 라이브 방송으로 접하기도 하고, 내가 직접 찍은 안무 영상이 유튜브를 통해 전 세계에 퍼지기도 하죠. 누구나 미디어가 될 수 있는 세상에서 여러분은 어떤 목소리를 내고 싶나요?

백 개의 미디어, 백 개의 프레임

"으악!"

한적한 숲속, 한 사내의 비명이 울려 퍼집니다. 그 목소리의 주인은 누군가에게 살해당한 사무라이였어요. 범인은 도대체 누구일까요? 법정에서 사무라이의 아내, 지나가던 산적, 사무라이의 혼령, 목격자인 나무꾼 등 사건과 관련된 이들이 증언을 시작합니다. 그런데 같은 상황을 두고 서로 다른 주장이 이어집니다. 그리고 모두 자신이 한 말이 진실이라고 호소하죠. 과연 사건의 진실은 무엇일까요?

이건 영화 〈라쇼몽〉의 줄거리예요. 이 영화는 사람들이 같은 경험을 하고도 각자의 입장에 따라 다르게 느끼고, 때로는 자신을 정당화하기 위해 거짓말도 한다는 걸 보여 줘요. 이 영화가 유래가 돼서 하나의 현상을 두고 서로 다른 증언을 하는 것을 '라쇼몽 현상'이라고 불러요. 여러분도 친구끼리 다투었는데 서로 기억하는 원인이 조금씩 다르거나, 입장에 따라 하는 말이 달랐던 경험이 있을 거예요.

사람들은 모두 자신의 시선으로 세상을 봐요. 때로는 과장하고 거짓말도 하죠. 미디어도 마찬가지예요. 같은 현실이라도 미디어에 따라 서로 다르게 보거든요. 어떤 면을 강조할 수도 있고, 어떤 사람의 목소리를 제외할 수도 있어요. 이런 면이 지나치면 악마의 편집을 할 때도 있고요. 마치 저마다의 창문으로 세상을 바라보는 것처럼 미디어도 각자 만든 틀을 통해 세상을 봐요. 이때 이러한 틀을 '프레임'이라고 불러요.

미디어의 프레임은 정치적으로 어떤 입장을 갖고 있는지에 따라 나뉘기도 해요. 우리 주변의 사례를 한번 살펴볼까요? 학교 급식실에서 일하는 노동자들이 파업*을 했을 때 어

> ✱ **파업** 어떤 목적을 위해 노동자들이 단체로 한꺼번에 노동을 중지하는 일.

떤 미디어는 노동자들이 일을 안 하는 바람에 학생들이 제대로 된 밥을 먹지 못한다며 비난했어요. 반면 다른 미디어는 오히려 노동자들의 근로 여건이 너무 안 좋은 게 문제이고, 이분들의 처우가 좋아져야 학생들이 더 질 좋은 밥을 먹을 수 있다고 보도했죠. 하나의 사건에 대한 증언이 다르게 나타났죠? 마찬가지로 같은 집회를 보도할 때 어떤 미디어는 경찰이 폭력적이었다고 하고, 다른 곳은 집회 참가자들이 폭력적이었다고 하는 경우도 많아요.

프레임은 어느 지역이나 국가에 속해 있느냐에 따라 달리 만들어지기도 해요. 한국과 일본이 역사적인 이유로 다툴 때 한국 미디어는 당연히 일본이 과거사를 제대로 반성하지 않는다는 점을 비판하는데요, 적지 않은 일본 미디어는 일본의 잘못은 제대로 다루지 않고 한국을 비판하는 경우가 많아요.

우리나라 내에서도 마찬가지예요. 부산에서 유럽으로 바로 오갈 수 있는 비행기 노선을 만들겠다고 하자 미디어는 이를 어떻게 다뤘을까요? 서울에 위치한 한 신문사는 인천공항을 세계적인 공항으로 키우는 방향으로 정책이 이뤄져야 하는데, 부산에 유럽 노선을 만들면 인천공항의 영향력이 떨어진다고 보도했어요. 반면 부산 지역 미디어는 부산

근처의 시민들이 유럽에 가려면 새벽부터 일어나 인천공항까지 가야 했는데 이제는 그러지 않아도 된다며 긍정적으로 다뤘죠. 같은 사건인데도 바라보는 시각에 따라 완전히 다른 보도가 나왔죠?

프레임이 곧 미디어가 전하려는 메시지이기도 해요. 바라보는 시각에 따라 내용이 달라진다는 것은 자신의 시각을 전하고 싶다는 뜻이기도 하거든요. 예를 들어 어떤 정치인이 잘못을 저질렀다는 의혹이 나왔을 때 어떤 미디어는 의혹 자체를 다루는 기사를 낼 수 있어요. 반면, 의혹에 대한 정치인의 해명을 중심으로 기사를 쓸 수도 있죠. 〈○○○ 의원, 자녀 취업 비리 의혹〉이라는 기사와 〈○○○ 의원, "자녀 취업 비리 의혹 근거 없어"〉라는 기사로 나뉘는 식이죠. 어떤가요? 제목만 봐도 기사의 내용이 어떤 방향으로 흘러갈지 예상되지 않나요? 어느 기사를 처음 접하느냐에 따라 여러분의 생각이 바뀔 수도 있을 거예요. 그러니 미디어가 하는 말이 늘 진실은 아니에요. 각자가 진실이라고 생각하는 것을 이야기하는 것이죠. 나만의 생각을 쌓기 위해선 모든 미디어가 저마다의 창으로 세상을 본다는 걸 기억해 두는 게 좋겠죠?

미디어에 문지기가 있다고?

미디어가 프레임이라는 저마다의 틀을 통해 세상을 본다는 것은 이제 알았죠? 모든 미디어에는 각자의 시각이 담겨 있고, 우리가 보는 것은 이 시각에 따라 편집한 내용이에요. 이렇게 미디어 콘텐츠가 만들어지는 과정에서 미디어는 '게이트 키핑(Gate Keeping)'이라는 절차를 거쳐요. 게이트 키핑은 문을 지킨다는 의미예요. 그러면 미디어에 문지기가 있다는 거냐고요? 맞아요. 기사 같은 미디어 콘텐츠가 세상에 나오기 위해서는 여러 단계의 문을 통과해야 하고, 그 문 앞에 아무나 들여보내지 않는 문지기가 있는 셈이죠. 그 과정에서 어떤 것은 문지기의 기준에 맞지 않아 들어오지 못하거나, 모습이 조금 바뀌기도 해요.

같은 영화를 봐도 재미있는 영화가 최고라고 생각하는 사람과 재미보단 의미가 중요하다고 생각하는 사람의 평가가 다를 거예요. 이처럼 미디어에서도 같은 일에 대해 저마다 다른 판단을 내려요. 언론 보도를 예로 들자면 먼저 기자가 현장을 취재하면서 스스로 판단하고 이해하는 게 일차적인 게이트 키핑으로 작용해요. 이어서 기자일 경우에는 데스크*라는 직책을 가진 높은 기자가, 방송국 PD*

★ **데스크** 신문사에서 기사를 만들 때 전체적인 일을 지휘하는 사람.
★ **PD** 프로듀서의 약자. 방송 제작을 담당하는 책임자.
★ **CP** 셰프 프로듀서의 약자. 방송 전체를 책임지는 책임프로듀서.

일 경우에는 CP*라는 직책을 가진 높은 PD가 최종적으로 내용을 보고 판단을 내려요.

월드컵 축구 경기가 끝난 뒤 뉴스에서 그날의 경기 내용을 전하는 걸 본 적 있을 거예요. 그런데 뉴스에서 90분 동안 있었던 경기를 전부 보여 주지는 않죠? 골을 넣거나 반칙을 사용한 장면처럼 주목할 만한 일부 장면만 편집해서 보여 줘요. 덕분에 사람들은 전체 경기를 보지 않고도 중요한 내용을 확인할 수 있죠. 이렇게 중요한 것과 중요하지 않은 것을 판단하는 것도 게이트 키핑의 역할이에요.

또 게이트 키핑은 문제가 되는 내용이 지나가지 못하게 막는다는 장점도 있어요. 기사를 쓰거나 방송 프로그램을 만들 때 내용이 사실인지 아닌지 검증하고 확인하는데, 이런 절차를 팩트 체크라고도 하죠. "저 주장이 사실일까? 다른 의견도 들어보고 뒷받침할 만한 자료도 찾아보자"는 식으로 기사를 쓴 기자 외에도 데스크나 다른 기자들이 함께 내용을 검증해요. 이 과정에서 사실이 아닌 내용을 거를 수 있고, 기사의 질도 높일 수 있어요.

하지만 게이트 키핑이 무조건 좋은 것만은 아니에요. 만약 문지기가 잘못된 판단을 내리면 어떨까요? 문지기의 판단에 따라 통과해야 할 내용이 문 앞에서 막히고, 막아야 할 내용이 통과하는 일이 생길 수도 있어요. 사람들이 꼭 알아야 할 내용을 막무가내로 막는 문지기가 있을 수도 있겠죠. 그러면 문지기가 있는 것 자체가 문제가 될 수도 있을 거예요.

실제로 신문사 기사에 그 회사의 의견이나 데스크의 생각이 지나치게 반영되는 일도 있어요. 그러면 자칫 관점이 다른 걸 넘어서 기자가 취재한 내용과는 동떨어진 왜곡 보도가 나오고 말죠. 또 미디어에 광고를 주는 기업이나 정치인처럼 힘이 강한 사람들이 내용에 영향을 주기도 해요. 이런 압박 때문에 기사에 문제가 없는데도 내용이 바뀌거나 콘텐츠가 제작되지 못하는 경우가 있어요.

게이트 키핑이 잘못되어 현실과 동떨어진 기사가 나온 경우를 볼까요? 2008년, 정부에서 일방적으로 미국산 소고기를 전면 수입하려고 하자 많은 시민이 이를 반대하는 촛불집회에 참가했어요. 당시 〈동아일보〉라는 신문사는 이 촛불집회에 대해 부정적으로 보도했는데요, 이후에 나온 〈동아일보〉 노동조합의 보고서를 보면 어떤 기자가 이렇게 토로하는 내용이 있어요.

"학생들은 광우병 위험에 가만히 있을 수 없어 자발적으로 나왔다고 말했고, 주부들은 식탁 먹을거리를 걱정하며 아이들을 업고 안은 채 촛불을 들었지만 이런 현장 분위기는 지면에 반영되지 않았다."

신문사의 문지기 역할을 하는 사람들이 당시 촛불집회를 부정적으로 판단한 탓에 이 프레임에 맞지 않는 내용은 취재가 이루어져도 취재한 대로 보도되지 못한 거죠.

반대로 게이트 키핑이 제대로 이뤄지지 않을 때도 문제가 돼요. 2003년 4월 MBC가 보도한 '마이크로소프트 빌 게이츠 회장 피살' 속보가 대표적이죠. 빌 게이츠 회장이 한 행사장에 참석했다가 총알 두 발을 맞고 인근 병원에 실려 갔으나 숨졌다는 보도였죠. 이 속보를 지켜본 다른 미디어들도 일제히 같은 소식을 보도했어요. 빌 게이츠는 지금도 멀쩡히 살아 있는데 이상하죠? MBC는 CNN닷컴이란 문구가 찍힌 팩스를 받고 기사를 썼는데, 그 팩스의 내용은 사실이 아니었어요. 미디어 세계에서는 누가 먼저 소식을 전하느냐가 중요한 경우가 많아요. 그래서 남들보다 빨리 기사를 내려다가 때로는 게이트 키핑을 소홀히 해서 오보*가 발생하

★ **오보** 어떤 사실이나 사건을 잘못 알리는 일. 혹은 그 소식.

기도 하는 거죠.

빌 게이츠 사망 보도가 실수에 의한 오보라면 의도적으로 만들어진 오보도 있어요. 2018년 독일 언론 슈피겔에서는 최악의 조작 사건이 벌어졌어요. 클라스 렐로티우스라는 기자가 쓴 여러 기사 중 상당수가 직접 사람을 만나 취재하고 인터뷰한 게 아니라 소설처럼 지어낸 거였다는 사실이 드러난 거죠. 그는 더 멋진 기사를 쓰고 상을 받고 싶다는 생각에 이런 거짓말을 꾸며냈다고 해요. 데스크가 기사를 검토했지만 내용이 그럴듯하다 보니 의심하지 않고 믿어버린 거예요. 그의 기사를 이상하게 여긴 동료가 고발하기 전까지 아무도 거짓말을 알아채지 못했다고 하네요.

이렇게 게이트 키핑이 부실하면 우리가 보는 미디어가 조작될 수도 있어요. 거짓 없는 환경을 위해선 미디어를 만드는 사람들이 책임감을 갖고 남들이 안 쓴 내용을 빨리 쓴다는 생각보다는 정확한 내용을 내보내야 한다는 생각을 하는 게 중요해요.

미디어를 이용하는 입장에서는 미디어에 나오는 내용이 무조건 진실이라고 믿거나, 미디어의 의견과 관점이 늘 맞을 거란 생각은 버리는 게 좋을 거예요. 미디어를 접할 때 각자 다른 관점에서 세상을 바라본다는 점과 미디어가 내

앞에 오기까지 많은 문지기를 거친다는 점을 기억하는 게 중요해요. 그러니 하나의 미디어만 보기보다는 여러 뉴스나 매체, 프로그램을 두루 살피는 게 세상을 입체적으로 볼 수 있는 방법일 거예요.

〈뉴욕 타임스〉, 161년 만의 사과

미디어가 실수로 잘못된 정보를 내보내면 '정정보도'를 통해 이를 바로 잡을 수 있어요. 정정보도는 무엇을 잘못 보도했고 왜 이런 문제가 나왔는 지 설명하는 기사예요. 세계적으로 화제가 된 정정보도가 있는데요, 바로 2014년 〈뉴욕 타임스〉가 낸 기사예요. 이 기사는 무려 161년 전에 있었던 잘못을 바로잡았어요. 어쩌다 백 년도 더 된 기사를 정정한 걸까요?

2014년에 〈노예 12년〉이라는 영화가 아카데미 작품상을 수상해요. 납치되어 12년을 노예로 살아야 했던 흑인 남성, 솔로몬 노섭(Solomon Northup)이 겪은 실화를 바탕으로 만든 영화였죠. 그런데 이 영화가 주목받으면서 당시 〈뉴욕 타임스〉가 이 사건을 보도할 때 솔로몬 노섭의 이름을 노스롭(Northrop)과 노스럽(Northrup)으로 잘못 썼다는 게 드러났어요. 아주 오래 전 일이지만 〈뉴욕 타임스〉는 그냥 넘어가지 않고 사과했어요.

2007년에는 63년 전 기사의 오류를 바로잡기도 했어요. 1944년 6월 8 일자에 실린 2차세계대전에 대한 보도에서 사진 한쪽에 소개한 군인의 이름이 지라드(Girard)인데 제런드(Gerand)로 잘못 썼다는 사실을 밝혔죠. 이 군인의 손자가 오래 전 신문을 살펴보다가 이의를 제기했고 〈뉴욕 타임스〉 가 바로잡은 거예요. 이 기사에서 〈뉴욕 타임스〉는 이렇게 강조해요. "잘못이 확인되면 반드시 정정기사를 싣겠다."

2003년에는 1면 톱기사를 통해 과거 〈뉴욕 타임스〉에서 일했던 기자가 사실과 다른 기사를 많이 썼다며 사과했어요. 기자가 제대로 취재하지 않고 사람들의 말을 지어내거나 표절하는 식으로 기사를 쓴 사실이 드러나자, 무려 신문 4개 면을 통해서 그가 썼던 30여 건의 기사를 일일이 바로잡았죠. 1면 톱기사는 신문의 표지와 같아요. 그 언론이 가장 중요하게 생각하는 이슈를 여기에 싣기 마련인데 그만큼 사과를 중요하게 생각한 거예요. 여기에 그치지 않고 같은 문제가 재발하지 않도록 보고서까지 만들어서 냈어요.

사실 미디어에게 오보는 부끄러운 일이에요. 미디어가 사람들에게 영향력을 가지려면 신뢰를 얻어야 하는데 콘텐츠가 부정확했다는 사실이 드러나면 사람들의 신뢰를 잃을 수 있기 때문이에요. 그래서 오보가 드러나도 이를 제대로 밝히는 걸 망설이는 경우가 많아요. 특히 한국 언론은 오보라는 걸 알면서도 정정하지 않거나 정정해도 눈에 안 띄는 구석에 작게 틀린 부분만 언급하는 경우가 많아요. 왜 틀렸는지, 틀리게 된 이유가 무엇인지, 앞으로 어떻게 같은 문제가 반복되지 않도록 막을 것인지 제대로 언급하는 경우는 거의 없어요.

이런 사정 때문에 국회에서 법까지 나왔어요. 잘못된 보도를 했을 경우, 정정보도를 어떻게 할지 언론 매체별로 세세한 기준을 세우라는 법이었죠. 최대한 빠른 시일 내에 원래 기사에 버금가는 형태로 정정보도를 해야 하고요. 또 신문 1면이나 정기간행물 첫 지면, 방송 뉴스 첫 리포트, 인터넷 홈페이지 초기화면 등 이용자가 처음 접할 수 있는 곳에 정정보도문을 싣도록 하는 법이 나오기도 했어요. 비록 미디어가 가진 편집 권한을 침해할 수 있다는 지적이 있어서 국회에서 법안이 통과되지는 못했지만, 법을 만들 정도로 중요한 문제라는 걸 알 수 있어요.

누구나 실수를 하는 것처럼 미디어도 실수할 수 있어요. 그렇지만 정말 부끄러운 건 실수 그 자체가 아니라 실수인 걸 알고도 이를 밝히고 사과하기 주저하는 태도가 아닐까요?

2장
미디어의 능력은 어디까지일까?

세상을 바꿀 수 있는 미디어의 힘

"탕탕탕!"

1961년 5월 16일, 군인들이 쿠데타를 일으켰어요. 쿠데타는 힘으로 정권을 빼앗는 일을 가리켜요. 군인들이 처음 향한 곳은 어디였을까요? 바로 KBS 방송국이었어요. 쿠데타를 일으킨 군대의 사령관 박정희 소장은 아나운서에게 쿠데타를 정당화하는 내용을 읽게 했죠.

왜 쿠데타군은 가장 먼저 방송국으로 향했을까요? 그 비밀은 바로 미디어가 지닌 힘에 있어요. 미디어가 어떤 이야기를 전하느냐에 따라 국민들의 입장이 달라질 수 있거든요. 특히나 한 나라의 대표 방송 채널에서 하는 말이라면 영향력이 어마어마하겠죠? 바로 이러한 힘 때문에 권력을 잡은 사람들은 미디어부터 손에 넣으려고 해요. 그런데 이렇게 미디어가 누군가의 손에 들어가도 되는 걸까요?

"언론·출판에 대한 허가나 검열은 인정되지 아니한다."

우리 헌법 21조의 내용이에요. 어떤 미디어는 세상에 나와도 되고, 어떤 것은 안 된다고 누군가가 허락하거나 금지해서는 안 된다는 것이죠. 특정 사람이나 정부에 얽매이지 않고 자유로운 미디어여야 사람들이 진실을 알 수 있기 때문이에요. 그래야 힘 있는 사람을 견제해 시민이 주인인 민주주의 사회를 유지할 수 있는 것이죠. 그런데 이 법이 현실에서 잘 지켜지고 있을까요?

안타깝게도 불행한 역사는 반복돼요. 1979년, 쿠데타를 일으켰던 박정희 전 대통령이 목숨을 거두자 이번에는 전두환 보안사령관이 대통령이 되려고 했어요. 그래서 각지에 비상계엄*을 선포했죠. 비상계엄이 내려지면 사람을 영장* 없이도 체포할 수 있고 언론·출판·집회·결사의 자유를 제약할 수 있었어요. 시민들이 비상계엄 해제를 요구하며 반발하자, 전두환 사령관은 학생들과 시민들을 진압하기 위해 군인들을 전국에 내려보냈어요. 이 가운데 광주에서 벌어진 시위에서 군인들의 폭력적인 진압이 일어났어요. 시민들이 분노

★ **비상계엄** 전쟁 같은 국가 비상사태 때 질서를 유지하기 위해 군대를 동원하는 것.

★ **영장** 사람 또는 물건에 대해 체포하거나 조사할 수 있도록 법적으로 허락해 주는 서류.

하면서 들고 일어나자 민간인을 향한 무차별 사격까지 이루어졌죠. 이때 수많은 사람이 죽거나 실종됐어요.

이 사건이 바로 우리가 교과서에서 배우는 5·18 민주화 운동이에요. 지금은 모두 광주에서 일어났던 학살에 대해 알고 있지만 1980년대를 살았던 사람들은 그렇지 않았어요. 왜 그랬을까요?

그 이유는 당시 미디어가 제 역할을 하지 못했기 때문이에요. 1980년 5월 20일, 광주 MBC는 "사상자는 한 명도 없다"며 왜곡 보도를 냈어요. 사실과 다른 방송이 나간 직후 분노한 광주 시민들은 방송국에 불을 질렀죠. 신문도 크게 다르지 않았어요. 당시 신문들은 '난동'이라는 정부 발표를 그대로 받아썼어요. 평범한 시민들은 '깡패'로 묘사됐고 군의 학살 사실은 감춘 채 시민들의 폭력적인 모습만 강조했죠. 군이 죽인 시민을 시민들끼리 죽였다고 거짓 보도하기도 하고요. 군의 학살이 끝난 직후 한 신문은 이런 기사까지 남겨요. "신중을 거듭했던 군의 노고를 우리는 잊지 않는다."

반면, 권력에 맞선 정의로운 언론인들도 있었어요. 전남 지역 신문인 〈전남매일신문〉 기자들은 광주에서의 탄압을 알리는 기사를 썼어요. 그러나 게이트 키핑 과정에서 누락

되어 신문에는 실리지 못했죠. 1980년 5월 20일, 〈전남매일신문〉 기자들은 공개 사직서를 쓰고 회사를 떠나고 말아요. 그때의 사직서는 이런 내용을 담고 있어요.

"우리는 보았다. 사람이 개 끌리듯 끌려가 죽어가는 것을 두 눈으로 똑똑히 보았다. 그러나 신문에는 단 한 줄도 싣지 못했다. 이에 우리는 부끄러워 붓을 놓는다."

이 시기 서울에서 일하던 몇몇 기자들도 양심상 더는 기자를 할 수 없다면서 사표를 내요. 1980년에 세상에 나오지 못했던 기사 제목은 다음과 같아요. 만일 이 기사들이 제대로 보도되어 전국에 진실이 알려졌다면 역사가 크게 달라졌을지도 몰라요.

광주 전역 공포 시민 전전긍긍

- 진압군 무차별 난타
- 사망 중상자 속출
- 데모 학생들 유혈 진압에 흥분한 시민들 대거 합세
- 총상 입은 학생 병원에
- 방송국 차량 등 불에 타고

1980년 5월 20일, 〈전남매일신문〉

> ### 18·19일 이틀 동안 계엄군에 학생 시민 피투성이로 끌려가
>
> • 민주화 부르다가 숨지고 중태
>
> 1980년 5월 20일, 〈전남매일신문〉

> ### 공수부대의 무차별 살육에 분노한 시민들이 시위 가담
>
> • 18일 오후 3시 30분 광주 요소요소에 공수부대 700명 배치
> • 금남로 시민학생 무조건 구타, 칼로 찌르고 여학생 옷 벗겨
> • 헬기 2대 공중 지상 입체전, 기자 신분 밝혀도 무조건 구타
>
> 1980년 5월 20일, 〈중앙일보〉

> ### 광주 시민정신은 살아 있었다
>
> • 은행 강탈, 금은방 절도, 사재기 없어, 나눠쓰고 외상 거래도
> • 자경단 만들어 자율 운영, 수상한 사람 신고 간첩으로 밝혀져
> • 시내 대부분 병원, 1주일간 환자 보며 철야 근무
> • 병원에 부상자 들어오자 경증 환자가 자신의 침대 양보해
>
> 1980년 5월 20일, 〈중앙일보〉

출처ㅣ "백발의 해직 언론인들이 한국 언론에 던지는 조언" 〈미디어오늘〉, 2018.9.3.

이때는 스마트폰도 인터넷도 없었어요. 새로운 소식을 들을 곳은 신문과 방송뿐이었고, 이 미디어가 어떤 소식을 전하느냐에 따라 진실은 완전히 뒤바뀔 수 있었어요. 미디어의 힘이 매우 강력했던 거죠. 미디어가 침묵하고 왜곡한 결과, 피해자였던 광주 시민은 철저하게 고립됐고 오랜 기간 동안 '빨갱이', '폭도'라는 낙인이 찍혀 억울하게 살아야

했어요.

그런데 당시 불행 중 다행으로 미디어가 완전히 봉쇄되지는 않았어요. 영화 〈택시운전사〉를 통해 널리 알려진 독일의 기자 위르겐 힌츠펜터*는 군대가 무자비한 진압을 한다는 소식을 듣고 광주로 향했어요. 그는 광주에서 목격한 진실을 영상으로 촬영해요. 그리고 그 영상의 필름을 선물용 과자 상자 안에 몰래 숨겨서 독일로 보냈죠. 독일에서 광주의 진실이 보도되면서 군사 정부의 악행이 국제사회에 드러났어요. 이때 한국의 많은 시민이 힌츠펜터가 남긴 영상을 비디오테이프에 복사해 돌려 보면서 진실을 알게 되었고, 군사독재에 맞서기 시작했어요.

★ 위르겐 힌츠펜터(1937.7.6~2016.1.25) 독일의 언론인. 광주 민주화운동을 촬영해 세상에 알려 '푸른 눈의 목격자'로 불린다.

펜은 칼보다 강하다는 말이 있어요. 권력이 미디어보다 강해 보이지만 미디어가 어떻게 하느냐에 따라 나쁜 권력자를 도울 수도 있고, 반대로 나쁜 권력자에 맞서 세상을 바꿀 수도 있어요. 미디어가 제 역할을 하지 못했던 1980년, 광주는 고립됐고 상황을 바꿀 수 없었죠. 하지만 용기 있는 사람들 덕에 진실이 드러나고 세상이 바뀌기도 했어요.

요즘은 어떨까요? 민주화가 되면서 더 이상 정부가 모든 미디어를 완전히 쥐락펴락하지는 못하게 됐어요. 언론사에 일일이 간섭하지도 못하고요. 하지만 권력의 개입이 아주 사라진 건 아니에요. 여전히 어떤 미디어에서는 권력의 입김이 닿는 일이 벌어져요. 정부에 비판적인 보도를 하는 언론인들이 쫓겨나거나, 정치인을 풍자하는 개그 프로그램이 제대로 방영되지 못한 적도 있고요. 정부에 비판적인 작품을 만들거나 발언한 영화배우와 감독이 블랙리스트*에 오르기도 했어요.

그래도 이전보다 나은 상황인 건 분명해요. 정부가 미디어에 개입할 때마다 사람들이 문제를 제기하면서 알리고 있거든요. 무엇보다 더 이상 몇몇 신문과 방송만이 미디어 전부가 아니잖아요. 인터넷 언론이 무지막지하게 많아진 덕에 일일이 통제할 수 없는 세상이 되었죠. 또 소셜미디어와 동영상 사이트를 통해 시민들이 직접 미디어가 되어서 권력에 맞서고 있기도 해요.

미디어가 자유로운지, 혹은 누군가의 조종을 받는지가 우리 삶과 얼마나 관련이 있을까요? 혹시 나와는 별로 상관이 없는 얘기처럼 느껴지나요? 하지만 미디어가 권력의 눈치를 본다면 당장 우리가 피해를 볼 수 있어요. 가령 온 국민이 즐겨 쓰는 유명한 제품에 알고 보니 유해한 성분이 가득한데, 어떤 미디어에서도 이를 다루지 않는다면 어떨

까요? 이 정보가 알려진다면 사람들이 피해를 보지 않고, 더 이상 기업이 문제가 되는 제품을 만들지 않게 조치할 수 있겠죠. 반면 미디어가 침묵한다면 나와 우리 가족이 손해를 입을 수 있을 거예요. 마찬가지로 정치권력의 비리나 누군가 억압당하는 일을 미디어가 용감하게 알려 준다면 막을 수 있겠죠. 세상을 바꿀 수 있는 미디어의 힘, 어떻게 사용되는 게 좋을지 생각해 보면 좋겠죠?

힘이 없는 이들에게 힘을

혹시 '억강부약'(抑强扶弱)이라는 말을 들어본 적 있나요? 낯설고 어렵죠? 저도 대학에서 미디어커뮤니케이션을 전공하면서 처음 알게 된 표현이에요. 저를 가르치신 교수님께선 미디어의 역할이 억강부약이라고 강조하셨어요. 이 수수께끼 같은 말의 의미는 "강한 자를 억누르고 약한 자를 도와준다"는 뜻이에요. 앞서 설명한 권력을 견제하는 미디어의 역할을 '억강'이라고 할 수 있겠죠. 지금부터는 약한 자들을 도와준다는 의미의 '부약'에 대해 알아볼게요.

우리 사회에는 다양한 사람들이 어울려 살고 있어요. 민주주의 국가에서는 모두가 자유롭고 평등한 사회를 추구하죠. 그런데 실제로는 각자의 목소리가 똑같은 크기를 지니지 않아요. 무슨 뜻이냐고요? 힘 있는 사람들은 하고 싶은 말이 있으면 기자회견을 열거나, 광고를 내서 많은 사람에게 쉽게 메시지를 전할 수 있어요. 하지만 평범하고 힘없는 사람들은 하고 싶은 말이 있어도 전달할 방법이 마땅치 않죠. 힘 있는 사람은 마이크를 쥐고 이야기하지만, 평범하고 힘없는 사람은 고래고래 소리를 질러야 하는 상황인 셈이에요. 그래서 '부약'을 통해 이 소리의 균형을 맞춰 주는 게 미디어의 역할이라고 할 수 있어요.

2016년, 생리대 가격을 올리자는 이야기가 나왔을 때 온라인 커뮤니티와 소셜미디어에 어떤 글이 올라왔어요. "저소득층 청소년들은 생리대 살 돈이 없어 휴지를 사용한다는데 생리대 가격을 올리면 어떻게 하느냐"는 내용이었죠. 사람들이 이 글을 공유하자 새로운 사연들이 나오기 시작했어요. "저희 학교 선생님 제자 분은 생리대 살 돈이 없어서 생리하는 일주일 내내 결석하고 수건 깔고 누워있었대요. 선생님이 문병 가셨다가 알게 되시고 제자분이랑 엄청 우셨다고 합니다." "집이 가난하고 아버지랑 둘이 살아서 생리대를 신발 깔창으로 대체하던 친구가 있었어요. 그 애

길 들었을 때 받은 충격은 말로 표현할 수가 없어요."

충격적인 사실이 화제가 되자 언론사도 움직였어요. 실제로 이런 일이 많은지 취재를 하면서 살펴본 거죠. 소셜 미디어에서 시작된 이야기가 신문 및 방송 미디어로까지 전해지면서 저소득층 청소년들이 겪는 문제가 자세하게 다뤄지고 공론화됐어요. 이후 정부에서 생리대 지원 정책을 선보였고 기업들도 지원하기 시작했어요.

3년이 지난 2019년 6월에는 KBS가 저소득층에게 생리대를 보편적으로 공급할 수 있는 방법이 필요하다며 이 문제에 한 걸음 더 나아간 이야기를 꺼내기 시작했어요. 소외당하던 목소리가 미디어를 통해 사회에 전해진 거죠.

우리가 흔히 오락이라고 생각하는 영화나 드라마, 예능 프로그램, 웹툰도 '부약'의 기능을 할 수 있어요. 1장에서 설명한 것처럼 황금종려상을 받아 화제가 된 봉준호 감독의 영화 〈기생충〉은 가난한 가정을 생생하게 묘사하면서 한국의 빈부격차 문제를 다루었죠. 꾸며낸 가상의 이야기지만 실제 세상의 문제를 담으면서 약자의 목소리를 드높일 수 있어요. 드라마로도 만들어진 웹툰 〈송곳〉이라는 작품도 있어요. 이 작품은 언제든 해고될 수 있어 부당한 일에도 눈감아야 하는 비정규직 노동자들이 처한 현실을 실

감나게 그렸어요. 뉴스를 보지 않더라도 이 웹툰과 드라마를 본 사람이라면 사회에서 노동자들이 겪는 문제를 생각해 볼 수 있었죠.

또 1인 미디어의 시대인 만큼, 기존 미디어가 다루지 못했던 다양한 목소리를 수많은 1인 미디어 제작자들이 담고 있어요. 손녀와 함께 인터넷 방송을 하는 박막례 할머니의 콘텐츠 중에 '막례는 가고 싶어도 못 가는 식당'이라는 편이 있어요. 요즘 식당에 자동 주문기기인 키오스크*가 많잖아요. 박막례 할머니가 직접 이걸 써 보려 하는데 너무 복잡하다며 이용하기 힘들어하는 모습이 영상에 담겼어요.

> ★ **키오스크** 가게나 백화점 등에 설치되어 주문을 받거나 정보를 제공하는 무인 기계.

디지털 시대가 되면서 노인 분들이 힘들어하는 일을 많은 사람에게 알린 거죠. 이 외에도 장애인, 성 소수자 등 다양한 약자들이 인터넷을 통해 자신의 목소리를 내고 있어요.

물론 많은 노력에도 불구하고 미디어가 '부약'의 역할을 제대로 하지 못하는 경우도 많아요. 약자와 강자가 대립할 때 미디어가 이해관계가 있는 강자의 편을 들어주는 경우가 많거든요. 특히 경제적으로 힘 있는 기업이 연관되는 경우가 많아요. 기업과 그 기업의 노동자들이 대립할 때 노동자들은 회사가 했던 부당한 일을 콕콕 지적하는 반면, 기업은 파업을 하면 회사가 힘들어지고 그러면 산업 전체에 안 좋은 영향을 미친다는 식으로 맞서요. 이때 미디어가 어떤 이야기를 전하느냐에 따라 사람들의 인식이 달라지겠죠? 미디어가 올바른 태도를 취하면 힘이 약한 사람과 힘이 강한 사람의 사이에서 균형을 잡아 주는 공평한 마이크가 되어 줄 수 있어요.

편견을 조장하기도, 부수기도 하는 미디어

2004년의 어느 날, 여러 만두 회사에서 만두를 만들 때 버려야 할 단무지를 만두의 재료로 쓴 사실이 미디어를 통해 드러났어요. 단무지를 만들고 남은 찌꺼기 조각으로 만두 속을 채운 거죠. 미디어는 이 만두를 가리켜 '쓰레기 만두'라고 불렀어요. 뉴스에는 자극적인 사진이 함께 보도되었고요. 그러자 전국적으로 만두 판매량이 크게 떨어졌어요. 그사이에 문을 닫는 회사도 생겼고요. 그런데 보도 내용이 과장되었다며 억울함을 토로하는 기업들이 나왔어요. 일부 만두 업체의 재료가 질이 안 좋았던 건 맞지만,

식품으로서 못 먹을 정도는 아니었고 대부분의 업체는 재료에 문제가 없었기 때문이에요. 하지만 이미 사람들에게 '쓰레기 만두'라는 이미지가 남아버린 탓에 외면당했죠.

미디어가 한번 심은 이미지는 사람들에게 쉽게 잊히지 않아요. 그 이미지가 사실과 다른 것이어도요. 그 결과로 누군가 오래 고통을 받기도 하죠. 우리는 미디어를 통해 현실을 보기도 하지만, 때로는 미디어가 사람들에게 편견을 심어 주기도 해요.

장애인이라는 단어를 들으면 어떤 이미지가 떠오르나요? 불쌍하거나 도움이 필요한 사람, 혹은 나와는 달리 정상적이지 않고 부족한 사람이라 생각하는 경우가 많아요. 때로는 바보스러운 모습을 떠올리기도 하고요. 이런 이미지는 어떻게 생긴 걸까요? 혹시 개그 프로그램이나 인터넷 방송 등에서 나누는 이야기에서 비롯된 건 아닌가요? 장애인을 직접 만나지 않더라도 미디어를 통해 접한 이미지가 우리도 모르는 사이에 머리에 남기도 해요.

방송통신위원회*가 2016년에 여섯 개 채널에서 방송된 드라마 43편의 등장인물의 직업과 연령을 분석한 결과, 등장인물의 98%는 장애가 없는 것으로 나와요. 생각해 보면

★ **방송통신위원회** 방송의 중요한 기준을 세우고, 방송 내용을 살피는 국가 기구.

드라마나 영화에서 장애를 가진 주인공은 본 기억이 거의 없죠. 한편 예능 프로그램에서는 장애인을 흉내 내면서 '바보' 캐릭터라고 놀리고 장난치는 경우도 많아요. 옛날부터 미디어에선 장애인을 흉내 내는 캐릭터를 만들고 '바보형'과 같은 이름을 지어 주곤 했죠. MBC 예능 〈전지적 참견시점〉에서는 기봉이라는 영화 속 장애인 캐릭터 성대모사를 통해 장애를 우스꽝스럽게 다뤄서 논란이 됐어요. 이 방송은 방송통신심의위원회로부터 중징계를 받았어요. 국가인권위원회*는 이 문제를 계기로 장애인에 대한 편견을 만드는 비하·차별 표현이 사용되지 않도록 주의를 바란다고 방송 사에 의견을 냈어요.

★ **국가인권위원회** 국민의 인권을 보호하기 위해 만들어진 국가 기관.

미디어에서 만들어내는 여성에 대한 편견도 정말 심각해요. 지금은 많이 바뀌었다고는 해도 여전히 사회에서 남성을 더 우대하는 경향이 많아요. 여성이기 때문에 승진에서 차별받거나, 똑같이 결혼했는데 남성은 직장을 다니고 여성은 직장 다니는 걸 포기해야 하는 등 여전히 많은 상황이 여성에게 불리하죠.

이런 상황에서 미디어가 남성과 여성에 대한 편견과 고정관념을 키우고 반복하여 다루면서 차별을 더 부추기기도

★ YWCA 기독교적 가치에 바탕을 둔 국제적인 여성운동 단체.

해요. 서울YWCA*에서 22개 드라마를 조사해 보니, 등장인물 중 남성은 주로 의사, 검사 등 전문직으로 등장하는 반면 여성은 판매사원, 아르바이트 등 비전문직 일을 하는 것으로 나타났어요. 전문직은 주로 남성이 맡는다는 편견을 강화할 수 있는 데다가 남성이 더 유능하다는 이미지를 심어 줄 수 있는 문제가 있죠. 사람들이 자신도 모르게 남성이 더 사회적으로 중요한 역할을 한다고 인식하게 되는 거예요.

유독 여성에게만 강요하는 이미지도 있어요. 방송 뉴스에서 여성 앵커는 젊고 예쁜 경우가 많고 남성 앵커는 나이든 남성인 경우가 많아요. 또 중요하고 무거운 뉴스는 남성 앵커가 전하고, 여성 앵커는 생활정보 뉴스를 전하는 비율이 높아요. 성별에 따라 전하는 뉴스가 다르다니 이상하죠? 최근에는 MBC의 한 여성 아나운서가 안경을 쓰고 뉴스를 진행해 화제가 된 적이 있어요. 지상파 방송 사상 최초로 안경을 쓴 여성 아나운서였기 때문이죠. 남성 아나운서는 안경 쓰는 경우가 많은데 여성 아나운서에게만 안경을 못 쓰게 한 건 문제가 있어요.

방송의 재미를 위해 표현하거나, 크게 의도한 것도 아닌데 너무 예민한 게 아니냐고 할 수도 있어요. 그러나 미디어의 영향력을 떠올려 보면 쉽게 넘길 일만은 아니에요. 제랄딘 반 일이라는 프랑스의 방송위원회 과장이 한국에 온 적이 있는데요, 그는 "미디어는 사회를 비추는 중요한 수단 중 하나인데, 특정한 집단의 인물들이 배제된 현상은 그 집단이 사회에서 소외됐다는 것을 보여 준다"는 말을 남겼어요. 쉽게 말해서 미디어가 어떻게 하느냐에 따라 사회적 편견이 더 강화될 수도 있고, 사라질 수도 있다는 말이에요.

JTBC 방송국에서 만든 〈라이프〉라는 드라마에는 하반신을 쓸 수 없는 예선우라는 인물이 나와요. 주인공의 동생인 그는 장애인이지만 이 드라마에서 수동적인 모습으로만 나오지 않아요. 보통 드라마에서 하반신이 마비된 장애인은 보호자가 밀어 주는 휠체어에 앉아만 있기가 쉬운데, 〈라이프〉에서는 직접 장애인 전용 택시를 불러 이동하거나 남들처럼 직장생활도 하고, 혼자 집안일하는 모습이 나오거든요. 장애인도 능동적인 생활할 수 있다는 사실을 이야기 속에서 자연스럽게 보여 주는 거죠. 이런 프로그램이 많아진다면 장애인에 대한 이미지도 더 다양해지고 생각의 폭도 넓어지지 않을까요?

외국에서도 인종과 성별에 대한 편견을 없애기 위한 미

디어의 노력이 이어지고 있어요. 과거 서양에서 만들어진 히어로물을 보면 백인 남자 일색이에요. 인종적으로는 백인, 성별로는 남성이 사회적으로 중요한 일을 한다는 고정관념이 작용했던 거죠.

반면 여성은 주인공의 조수 역할을 하거나 중요한 역할이라 해도 능력을 보여주기보다는 몸매가 드러난 옷을 입는 식으로 신체적인 면을 강조하는 경우가 많았어요. 그런데 요즘 마블 영화를 보면 흑인 영웅도 많이 나오고, 캡틴마블처럼 강하고 독립적인 여성 히어로도 등장하고 있어요. 이로써 사람들은 더 다양한 영웅을 상상할 수 있게 되었죠.

영국의 공영방송* BBC는 예전부터 이런 문제를 고민했어요. 고민의 결과로 방송을 제작할 때 고려해야 할 규칙을 만들었죠. BBC의 '프로듀서를 위한 지침서'에는 이런 내용이 들어 있어요.

★ **공영방송** 이윤 추구를 직접적인 목적으로 하지 않고 공공의 이익을 도모하는 방송.

"여성에 대한 성폭력과 가학적 성 표현에 대해 주의를 요한다. 또 여성과 남성의 행동에 대해 고정관념을 반영해서는 안 되고, 여성과 남성의 누드에 대해 다른 기준을 적용해서는 안 된다"

"코미디에서는 인종, 종교, 연령, 장애나 성에 대한 농담을 할 때 고정관념을 포함하지 않도록 민감해야 한다."

"흑인을 범죄자로, 여성을 주부로, 장애인을 희생자로, 노인을 무능력자로 범주화하지 않는다."

⋮

방송국이 미디어의 영향력을 의식하고, 특정 성별이나 인종 등에 대한 편견을 심지 않도록 노력하는 걸 확인할 수 있어요. 미디어가 우리에게 어떤 모습을 보여 주느냐에 따라 사회적인 편견은 커질 수도, 작아질 수도 있어요. 그렇기에 미디어를 만들 땐 세심한 노력이 필요하죠. 우리가 보는 미디어들도 과연 이런 기준을 지키고 있는지 점검하며 살펴보면 어떨까요?

중요한 일에 밑줄을 긋는 미디어

세상에는 매일 새로운 일이 일어나요. 어느 나라의 대통령이 바뀌었다거나, 화성에서 물을 발견했다거나 하는 일부터 우리 이웃에 도둑이 들었다거나 옆 동네 학교가 문을 닫았다는 이야기까지 정말 많은 일이 있죠. 그 많은 정보 속에서 사람들에게 주목해야 할 문제를 알려 주는 것도 미디어의 역할이에요. 이런 역할을 특별히 '어젠다 세팅'이라고 불러요. 다른 말로는 의제 설정이라고 하는데 쉽게 말해 사람들이 관심을 가져야 할 만한 일을 알려 준다는 뜻이에요.

인터넷에서 뉴스 사이트를 들어가 보면 화제가 된 연예계 소식부터 정치, 사회, 날씨 정보 등 다양한 주제의 기사와 콘텐츠가 분류되어 있죠. 여러분이 즐겨 보는 것은 어떤 내용인가요? 한 중학교의 미디어 교육 수업에 취재를 나간 적이 있는데요. 선생님이 학생들에게 스마트폰을 나눠주고 읽고 싶은 기사를 마음껏 읽도록 했어요. 그러고 나서 어떤 분야의 기사를 읽었는지 포스트잇에 적어 칠판에 붙이도록 했죠. 그 결과 대부분의 학생들이 즐겨 보는 기사는 연예 기사였고, 정치와 경제 기사는 거의 없었어요. 우리를 즐겁게 하는 기사도 가치 있지만, 주목해야 할 문제에 관심을 기울이는 것도 중요해요.

특히 정치 기사는 중요해요. 국회에서 무슨 일이 벌어졌는지 설명하는 기사가 매일 나오잖아요. 어른들의 정치 이야기가 나와 무슨 상관이냐고요? 멀게 느껴질 수 있지만 사실 정치는 여러분과도 매우 밀접한 관련이 있어요. 정치인이 어떤 결정을 하느냐에 따라 여러분의 입시 과정이 통째로 바뀔 수도 있고, 새로운 과목이 추가되거나 교복이 없어질 수도 있거든요. 그러니 어떤 정치인이 문제되는 행동을 하지는 않는지, 어떤 법을 만들고 있는지 관심을 갖고 지켜보는 게 중요하겠죠?

문제가 벌어지면 그 원인을 알게 해 주는 것도 미디어의 역할이에요. 2016년, 서울 지하철 2호선 구의역에서 안전문을 수리하던 김 군이 목숨을 잃었어요. 취재 결과 이 사고는 단순히 개인이 조심하지 않아 일어난 일이 아니었어요. 안전문을 수리할 때 2인 1조로 작업해야 한다는 원칙이 있었지만, 지켜지지 않아 벌어진 사고였죠. 김 군이 제대로 밥을 먹을 시간도 없이 과도한 노동에 시달렸고, 비정규직으로 일하며 적은 월급을 받았다는 사실도 취재를 통해 드러났어요. 이 일이 단순한 사고가 아니라 열악한 노동 환경이 낳은 사회적인 사건이었다는 걸 모두에게 알린 것이죠.

MBC의 〈무한도전〉 프로그램에서는 2015년에 우토로라는 마을을 촬영했어요. 우토로는 일본 오사카 인근에 위치한 조선인 마을로, 일제강점기 때 일본으로 끌려온 사람들이 힘겹게 살아가고 있었죠. 그런데 일본이 이 마을을 없애려고 하고 있었어요. 방송에 출연한 유재석 씨가 "너무 늦게 와서 죄송합니다"라고 말하는 장면을 보고 많은 시청자들이 눈물을 흘렸다고 해요. 우토로 마을 이야기는 신문 기사와 다큐멘터리를 통해 몇 번 다뤄진 적 있지만, 그 동안 여러 사람들에게 전해지지는 못했어요. 그러다 인기 프로그램인 〈무한도전〉을 통해 많은 사람이 비극적인 역사와 일본의 만행을 알게 되었죠.

이렇게 미디어는 중요한 곳에 밑줄을 긋듯이 우리가 주목해야 할 이야기를 짚어 줘요. 그런데 미디어가 다뤄야 할 중요한 정보가 어떤 정보인지 무 자르듯이 딱 정할 수는 없는 거 같아요. 그래서 어떤 정보를 미디어가 다루는 게 맞는지 아닌지 논쟁이 이어지는 경우도 많아요.

여러분은 강력범죄를 저지른 범죄자의 얼굴을 미디어가 공개해야 한다고 생각하나요? 어떤 미디어를 보면 범죄자의 얼굴을 공개하고, 또 어떤 미디어는 모자이크 처리를 하기도 해요. 얼굴을 공개하는 미디어에서는 국민의 알 권리를 위해 공개하는 거라고 말해요. 많은 사람이 범인의 얼굴을 알고 싶어 하기도 하고, 얼굴을 알면 그 범죄자가 주변에 나타났을 때 대비를 할 수 있다고 보는 것이죠.

반면 얼굴을 공개하지 않는 미디어에서는 얼굴을 공개하는 걸로 실질적으로 국민들이 얻게 되는 이익이 분명하지 않다고 봐요. 또 '무죄 추정의 원칙'이라고 해서 재판이 끝나기 전까지는 그 사람이 죄가 있다고 단정하지 말아야 하는데, 판결 전에 얼굴을 공개했다가 무죄로 드러나면 그 사람이 피해를 입을 수 있고요. 또 아무 죄가 없는 피의자의 가족도 피해를 볼 수 있는 문제가 있다며 반대해요.

비슷한 문제로 연예인에 대한 정보도 꼭 알아야 하는지 고민해 볼 필요가 있어요. 미디어를 보면 연예인들의 사생활을 많이 찾아볼 수 있잖아요. 누구와 비밀 연애를 하다 들키거나, 결혼했던 연예인이 이혼하면 인터넷 포털의 검색어가 온통 그 연예인 이야기로 도배되는 거 많이 봤을 거예요. 이런 것도 반드시 우리가 알아야 할 정보일까요?

예전에는 연예인을 공인이라고 많이 불렀어요. 1990년대만 해도 어떤 연예인이 연인과 헤어지면 미디어가 카메라를 갖다 대고 심경을 묻고, 그 연예인이 국민들께 죄송하다고 사과를 했죠. 과거에는 연예인에게 지금보다 더 많이 요구하고 무슨 일이 벌어지면 큰 책임을 물었던 거 같아요.

그러나 엄밀한 의미로 보면 연예인은 공인이라고 보기 힘들어요. 공인이라는 건 공적인 일을 하는 사람이라는 뜻으로 대통령이나 국회의원, 고위 공무원들 같은 사람을 뜻해요. 이 사람들은 무슨 일을 잘못하지는 않는지 사회적으로 감시해야 하기에 미디어가 주목하는 건데, 연예인은 해당된다고 보기 힘들어요. 그렇기에 연예인을 공인으로 보고 그들의 사생활까지 파헤치는 건 부적절할 수 있어요. 누군가 나의 하루를 내내 지켜보고 있다면 어떨까요? 무엇을 하든 자유롭게 지낼 수가 없겠죠. 내가 보는 미디어가 누군가의 존중받아야 할 사생활을 침해하지는 않는지 생각해 보는 건 어떨까요?

'냄비 근성'이라는 말이 있어요. 냄비를 뜨거운 불 위에 올려놓으면 빨리 끓는데, 불을 꺼 버리면 금방 식어버리죠. 이런 냄비에 빗대서 어떤 일에 크게 분노하다가도 시간이 조금만 지나면 언제 그랬냐는 듯 잊는 경우에 냄비 근성이라는 말을 써요. 그런데 미디어에도 냄비 근성이 있어요. 무슨 일이 일어나면 그 문제를 다루는 기사를 쏟아내다가도, 며칠만 지나면 잠잠해지는 것이죠. 매일 새로운 소식을 다뤄야 한다는 생각에 하나의 이슈를 꾸준히 지켜보지 않고 새로운 이슈를 찾아 나서는 거예요.

이러한 관행을 깨뜨려서 주목을 받은 미디어가 있어요. 2014년 세월호 참사 때 초창기만 해도 사고 장소에서 가장 가까운 항구인 팽목항과 유가족들이 생활을 한 진도체육관에 많은 취재진이 몰렸어요. 그런데 시간이 지날수록 취재진 수가 줄어들어요. 아직 해결되지 않은 문제가 많았지만 세월호 참사에 대한 기사만 계속 쓸 수 없다고 생각하고 다른 취재를 위해 떠난 거예요. 실제로 참사 후 몇 달이 지나자 미디어에서 세월호 참사 소식을 찾아보기 어려워졌어요.

그런데 JTBC 취재진은 봄이 지나고, 겨울이 될 때까지 현장에 남았어요. 사고가 벌어지고 200일 동안 기자가 진도 현장에서 생활을 하면서 매일 세월호 참사 소식을 현장에서 생중계로 전했죠. JTBC의 이러한 보도에 대해 당시 보도담당이었던 손석희 사장은 다음과 같이 말했어요.

"보통은 하나의 이슈가 있으면 짧게는 2~3일, 길게는 한 달이 지나면 소멸된다. JTBC는 200일 동안 세월호 참사를 메인뉴스에서 다뤘다. 의제를 설정하는 것 못지않게 지키는 게 더 중요하기 때문이다."

그는 모든 정보가 빠르게 소비되는 상황에서 미디어가 해야 할 일은 많은 정보 가운데서 중요한 정보를 고르고 이에 대해 꾸준히 문제제기를 하는 것이라고 강조했어요. 그러면서 이를 하나의 이슈를 꾸준히 주목한다는 의미에서 '어젠다 키핑(Agenda Keeping)'이라고 설명했어요.

JTBC는 현장을 오래 지키면서 의미 있는 보도를 많이 할 수 있었어요. 당시 정부가 제대로 대응하지 못했다는 점을 가장 많이 지적했고, 사고의 원인 가운데 오래된 선박을 폐기처분하지 않고 수입해 쓸 수 있도록 한 규제 완화가 문제 있다는 점을 조명했어요. 또 유가족들의 목소리도 가장 비중 있게 전달했어요. 참사 직후인 4월 27일에는 세월호 사고 희생자인 단원고 2학년 이승현 군의 아버지 인터뷰를 12분간 내보내 많은 시청자들이 눈물을 흘렸어요.

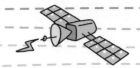

이렇게 하나의 이슈를 꾸준히 주목하니 사람들이 마음을 열었어요. 유가족들은 수많은 방송사 중에서 JTBC를 가장 신뢰했어요. 당시 많은 미디어가 정부 발표를 받아쓰고 세월호 참사 진상규명에 소극적인 모습을 보이면서 유가족들의 원성을 샀는데, JTBC는 달랐기 때문이에요. 시민들도 반응했어요. 세월호 참사 이후 JTBC의 뉴스 시청률은 방송국 설립 이후 최고 수준으로 올라요. 여론조사기관의 조사 결과 방송사 가운데 신뢰도 1위를 차지했고요.(리서치뷰, 2014.5.) 2014년 세계인권단체인 국제엠네스티에서 JTBC 세월호 참사 연속보도에 특별상을 주기도 했어요.

JTBC의 사례는 미디어가 밑줄을 긋는 것도 중요하지만, 사회의 중요한 문제를 한번 훑고 지나가는 게 아니라 꾸준히 조명하는 것도 무척 중요하다는 사실을 보여줬어요.

3장

미디어에 손을 대려는 자, 누구인가!

미디어의 주인이 따로 있다고?

"우리는 공정합니다."

"우리는 객관적입니다."

"우리는 여러분의 목소리를 듣습니다."

많은 미디어가 이런 말로 자신들의 성격을 소개해요. '시청자를 위한 방송'이라는 문구도 우리에게 익숙하죠. 그런데 정말 그럴까요?

미디어를 제대로 알기 위해서는 미디어의 지배구조를 함께 살펴봐야 해요. 지배구조라는 말이 조금 어렵죠? 쉽게 말해서 미디어를 누가 갖고 있는지 알아봐야 한다는 말이에요.

혹시 미디어 분야에도 재벌이 있다는 걸 알고 있나요? 〈더타임스〉나 〈뉴욕포스트〉 등 이름난 미디어 기업도 다

사장이 따로 있거든요. 그중에서도 루퍼트 머독이라는 사람은 많은 미디어 기업을 소유한 세계 최고의 미디어 재벌로 꼽혀요. 머독은 '폭스 코퍼레이션'이라는 회사의 대표로 있으면서 다양한 미디어 사업을 펼치고 있죠.

영국의 〈선데이 타임스〉라는 신문사는 원래 현장을 깊이 취재하는 탐사보도로 명성이 대단했어요. 그런데 1981년에 머독이 이 신문사를 넘겨받은 이후로 신문사의 성격이 많이 바뀌었죠. 예전에는 신문의 가장 중요한 1면에 권력을 비판하는 기사가 실렸다면 이제는 왕실의 뒷이야기, 복권, 여행지 소개 같은 흥미 위주의 기사가 채워진 거예요. 선거 때가 되면 노골적으로 특정 후보를 지지하기도 했고요. 마찬가지로 영국의 〈스카이 TV〉도 머독이 인수한 후부터는 영국의 보수 정부인 대처 정부를 지지하는 정치적으로 치우친 뉴스를 내보냈어요. 왜 이런 일이 일어난 걸까요?

〈안티폭스〉라는 다큐멘터리 영화에서 이와 관련된 문제를 다루고 있어요. 영화에서 놀라운 증언이 나오는데, 바로 머독을 비롯한 폭스의 경영진이 매일 기자들에게 기사 내용에 간섭하는 명령을 내렸다는 거예요. 이 영화에 출연한 기자는 이렇게 증언해요. "우리는 머독의 비서로부터 지시를 받았으며 지시가 내려오면 정규 뉴스를 끊고 공화당의 오른

팔 노릇을 해야 했다." 회사의 높은 사람이 자신과 친한 정치인을 돕기 위해 그들에게 불리한 내용은 없애고 유리한 내용만 내보낸 것이죠. 즉, 특정 인물이 자신의 이익에 따라 미디어에 치우친 내용을 내보냈다는 거예요.

기업이 미디어를 소유하는 건 비단 외국에만 있는 일이 아니에요. 한국에서 가장 큰 기업인 삼성도 미디어를 가진 적이 있어요. 과거에 삼성은 〈중앙일보〉라는 신문사를 만들고 TBC라는 방송사를 운영하면서 미디어 사업을 했어요. 동양방송이라고도 하는 TBC는 사람들에게 인기가 많았음에도 전두환 정부가 여러 언론사를 없애면서 문을 닫아야 했죠. 2011년 정부가 종합편성채널을 허가하면서 〈중앙일보〉에서 만든 방송사인 JTBC의 이름이 바로 사라졌던 과거의 'TBC'에서 따온 거랍니다.

정부에 소속된 미디어도 있어요. KBS와 EBS는 정부가 100% 지분*을 갖고 있죠. YTN, MBC, 연합뉴스, 서울신문도 어느 정도 정부에서 소유하고 있어요. 이런 미디어들은 '공영 미디어'라고 불러요. 공영 미디어는 정부가 원하는 인물로 사장을 뽑을 수 있어요. 만약에 미디어를 통제하려는 정부가 들어서면 적절하지 않은 사람을 마음대로 사장으로 임

> ★ 지분 어떤 재산을 소유하는 각자의 몫.

명해서 문제가 되겠죠? 이런 사장을 높은 곳에서 내려왔다고 해서 낙하산에 비유해 낙하산 사장이라고 불러요.

앞 장에서 미디어는 권력을 견제하고 비판할 힘이 있다고 했는데요, 낙하산 사장이 있는 언론사에서 대통령이나 기업의 잘못을 제대로 비판할 수 있을까요? 만약 알바를 하고 있는데 사장님이 부당한 일을 시킨다면 그 일을 거절하기가 쉬울까요? 미디어 기업도 마찬가지랍니다. 기업을 소유하고 있는 사람이 자기가 원하는 정보만 왜곡되게 전한다면 미디어는 사람들에게 필요한 정보를 알리고 권력을 감시하는 제 역할을 못 하게 되겠죠. 때로는 열심히 취재했더라도 윗선에서 뉴스로 만들지 못하게 막는 일도 벌어질 거예요.

또 정부가 직접 미디어를 갖고 있는 게 아니더라도 미디어 기업이 정부 눈치를 보기도 해요. 정부의 정책에 따라서 미디어를 소유한 기업이 곤란해질 수도, 이익을 얻을 수도 있으니까요.

이러한 상황은 미디어의 성향, 즉 미디어의 성격과 방향성에도 영향을 줘요. 2013년에 〈언론과학연구〉라는 학술지에 실린 '의견지면을 통해 본 한국 신문의 정파성 지형'이란 논문에서 언론사들이 의견을 드러낸 칼럼, 사설과 같은 기사에 나오는 키워드를 분석했는데요, 특정 기업에 소속되지 않고, 직원들이 자유롭게 기사를 쓰는 신문에서는 '민주' '평등' '정의' 등의 가치를 강조하는 기사가 많았다고 해요. 반면, 기업의 소유 아래 있어 상대적으로 자율성이 떨어지는 신문사들은 '효율' '경쟁' '성장' 등 기업에 좋아하는 가치를 강조하는 기사가 많았죠. 정치권에서 직접 사장을 정한 공영 미디어에서는 대통령이나 정부의 입장을 대신하는 내용을 많이 내보냈고요.

그런가 하면 같은 미디어 기업이더라도 지배구조가 바뀌면 그 미디어의 성격까지 바뀔 수 있어요. 〈경향신문〉의 변화가 이 사실을 잘 보여 줘요. 이 신문사는 원래 한화그룹이라는 기업의 미디어였어요. 그러다 사정이 어려워지자 기업은 이 신문사의 소유권을 포기했죠. 그때 신문사 직원들이 돈을 모아 회사를 사면서, 〈경향신문〉은 직원들이 주주*인 신문사가 됐어요. 신문사의 직원들이 회사에 직접 투자를 한 덕에 기업의 자본으로부터 독립할 수 있었죠. 그러자 기업을 대변하는 기사가 많았던 과거와 달리 약자의 목소리를 대변하는 기사가 더 많아졌어요.

* **주주** 회사의 주식을 소유한 사람.

그렇다고 해서 모든 미디어가 사원들이 직접 주주가 되는 식으로 회사를 바꿀 수는 없겠죠. 그래서 미디어의 구성원

언론의 독립이 필요한 이유

들은 기업의 영향으로 벌어지는 문제를 감시하고 견제하기 위해 노력해 왔어요. 대표적인 조직이 '노동조합'이에요. 노동조합은 줄여서 노조라고 부르는데요, 노동자들을 대변하는 조직이라고 할 수 있어요. 일반 기업의 노동자들은 근로 시간이나 임금 등 처우를 개선해 달라고 요구해요. 미디어 기업은 여기에 더해서 회사에서 힘을 가진 사람들이 자신들의 이익에 따라 기사를 내지는 않는지 살펴보고 그런 일이 있으면 공개적으로 세상에 알려요. 공정한 미디어를 만드는 게 미디어 노동자들에게는 노동조건이기 때문이에요.

미디어 노동자들은 여러 번 파업을 벌였어요. 파업은 노동자들이 일하지 않음으로써 회사에 맞서고 자신들의 목소리를 세상에 알리는 일이에요. 이때 〈무한도전〉과 같은 인기 프로그램들도 TV에 나오지 못했죠. 노동자들의 요구는 "대통령이나 정치권이 방송 내용에 영향을 미쳐서는 안 된다"는 거였어요. 이렇게 노동조합에서 두 눈을 부릅뜨고 있으면 지배구조로 인해 벌어지는 문제를 제대로 견제할 수 있어요.

우리가 평소에 보는 기사나 프로그램 등 미디어는 모두 보이지 않는 지배구조의 영향을 받고 있어요. 미디어를 갖고 있는 건 기업이나 개인, 또는 정부지만 미디어가 존재하는 이유는 우리 시민들이 있기 때문이에요. 많은 미디어가 시청자, 독자를 위한다고 강조한 것처럼 이 미디어들은 우리가 외면하고 보지 않으면 존재할 수 없어요. 미디어가 시민을 위한 것이라면 특정 누군가의 이익만 추구하도록 두면 안 되겠죠? 미디어가 지배구조로 인해서 제대로 된 역할을 못 하는 건 아닌지, 지배구조의 한계를 극복하기 위해 어떤 노력이 이어지고 있는지 관심을 두고 지켜보는 게 우리가 미디어의 진짜 주인이 되는 방법일 거예요.

60초 후에 공개합니다!

TV 방송을 보다 보면 한껏 긴장된 결정적인 장면에서 갑자기 프로그램을 멈추고 광고를 보여 줄 때가 있어요. 유튜브에서 영상을 보다가 중간에 광고가 나와서 방해를 받은 적도 있을 거예요. 때로는 드라마나 예능 프로그램에서 억지스러운 간접광고들이 불쑥불쑥 튀어나오기도 하고요. 돈을 내고 영화관에 가도 10분 정도 광고가 나오죠. 정말 광고는 항상 우리 곁에 있는 것 같아요.

그런데 미디어 곳곳에 왜 이렇게 광고가 붙어 있는 걸까요? 그건 미디어와 기업이 서로를 필요로 하기 때문이에요.

여러분은 혹시 인터넷에서 기사를 읽기 위해 돈을 낸 적이 있나요? 대부분의 사람이 뉴스나 방송콘텐츠를 공짜로 보거나, 아주 싼 값에 보고 있어요. 미디어 콘텐츠를 만들기 위해선 신문사나 방송사도 돈이 필요할 텐데 말이에요. 한편 기업은 기업의 상품을 많은 사람에게 알려야 하는데 그럴만한 공간을 찾기 어려웠죠. 이런 미디어와 기업은 바로 광고를 통해서 서로 부족한 점을 채울 수 있었어요. 신문 곳곳에, 방송 앞뒤와 중간에, 홈페이지 곳곳에 광고를 껴 넣은 대가로 미디어는 기업으로부터 돈을 받아요. 덕분에 기업은 자신들의 브랜드와 상품을 미디어를 이용하는 수많은 사람에게 알릴 수 있게 됐죠.

그런데 이 광고가 우리도 모르는 사이에 미디어에 영향을 미치고 있어요. 노동자들이 기업과 갈등이 있을 때 기업의 편을 드는 미디어가 많거든요. 임금 인상이나 노동시간 단축, 정규직 전환 등의 정책에 대해 미디어는 노동자들보다는 회사를 대변하는 경우가 더 많아요. 왜 그럴까요? 미디어의 주인이 기업일 경우가 많아서 그렇기도 하지만 바로 광고가 영향을 주고 있기 때문이에요.

미디어는 기업이 주는 광고를 무시하기 쉽지 않아요. 광고비로 회사를 유지하는데 기업에 비판적인 기사를 쓰면 광고를 안 주겠다는 식으로 압박하는 경우가 많기 때문이죠. 여러분이 기업의 대표라고 생각해 볼까요? 우리 회사를 비판하는 미디어에 굳이 광고를 주고 싶지는 않을 거예요.

기업의 입장을 전하는 게 반드시 나쁘다는 것은 아니에요. 누구나 각자의 입장이 있으니까요. 하지만 기업이 개인과 대립할 때 힘이 센 기업의 입장을 더 많이 들어 준다면 약자의 목소리는 세상에 제대로 전해지지 않게 되겠죠. 그리고 영향력이 막강한 기업일수록 이런 특징은 강해져요.

"저는 유미가 백혈병에 걸린 이유를 찾고자 여기저기 방문했지만 가는 곳마다 거절당했습니다. 나를 좀 도와 달라고 정당, 언론사, 사회단체, 노동단체를 찾아다녔지만 모두 삼성을 상대로 싸울 수는 없다고 했습니다."

고 황유미 씨의 아버지 황상기 씨가 2014년 〈경향신문〉에 기고한 글이에요. 황유미 씨는 반도체를 만드는 일을 하다가 갑자기 백혈병으로 죽었어요. 딸의 죽음이 업무와 관련 있다고 생각한 황상기 씨는 진실을 밝히기 위해 2007년 삼성과 싸움을 시작했어요. 하지만 많은 미디어가 삼성을 상대로 안 좋은 기사를 쓰는 걸 주저했다고 해요. 10년이 넘는 오랜 싸움 끝에 딸이 반도체 공장의 열악한 환경 때문에 백혈병에 걸려 죽었다는 인정을 받게 돼요. 그동안 황상기 씨의 편을 들어주는 미디어보다 삼성에 유리한 기사를 내보낸 미디어가 훨씬 더 많았답니다.

삼성 반도체 노동자의 백혈병 문제를 다룬 〈또 하나의 약속〉이라는 영화도 있었어요. 한번은 이 영화에 대한 기사가 나오자, 회사의 관계자가 언론사에 연락해 불만을 표했다고 해요. 그러자 바로 이 기사는 지워졌죠. 우리 눈에 보이지 않는 곳에서 이런 일이 벌어지고 있다니 놀랍지 않나요?

원래 미디어는 엄격하게 '광고'와 '콘텐츠' 또는 '기사'를 분리해요. 돈을 받고 만든 광고가 기사를 비롯한 콘텐츠 내용에 영향을 미쳐서는 안 되기 때문이죠. 신문사는 기자들이 취재해서 신문 기사를 쓰는 편집국과 광고 영업을 하는 광고국을 엄격히 나눠 두었어요. 방송사에서도 직접 광고를 가져오지 않고 광고 회사를 통해 따로 업무를 분리해 두었어요. 광고가 방송에 영향을 미치지 않게 하기 위해서죠.

★ 올드미디어 신문, 방송, 잡지 등의 미디어. 디지털 시대에 만들어진 뉴미디어와 비교하는 개념.

그런데 신문, 방송 같은 올드미디어*의 사정이 어려워지면서 기업들의 눈치를 점점 더 많이 보게 됐어요. 인터넷이 등장하면서 포털이나 유튜브를 이용하는 사

람이 늘자, 신문이나 TV 방송을 이용하는 시청자들이 줄었
거든요. 기업들도 자연스럽게 신문이나 방송이 아니라 인터
넷에 있는 뉴미디어에 광고를 더 많이 하게 됐어요. 올드미디
어들이 먹고살기 점점 힘들어지고 있는 거죠.

2007년에 한국언론진흥재단이라는 곳에서 한국리서치에
의뢰해 신문·방송·통신사의 기자 967명을 대상으로 '언론
인 의식조사'를 실시했는데요, 언론의 자유를 가장 크게 제
약하는 요인이 무엇인지 묻자 '광고주'라는 답변이 가장 많았
다고 해요. 광고주는 광고를 주는 기업을 말해요.

예전 같으면 기업이 기사가 마음에 들지 않아 광고를 못
주겠다고 할 때 미디어가 그 광고를 받지 않으면 됐어요. 하
지만 요즘은 광고를 받는 일이 예전에 비해 더욱 중요하기에
미디어가 기업의 눈치를 보는 일이 많아요. 기업에 비판적인
기사를 지우거나 수정하는 경우도 많고요. 심지어는 돈을
받고 만든 광고를 기사로 속이는 일까지 벌어지고 있어요.

뉴스만 그런 건 아니에요. 한 방송사의 시사 프로그램이
여러 공기업의 문제점을 비판하다가 갑자기 어떤 공기업에
대해선 긍정적으로 설명을 했어요. 사람들은 이 말을 듣고
좋게 설명한 공기업은 긍정적으로 생각하게 되겠죠. 그런데
알고 보니 그 공기업이 돈을 준 대가로 시사 프로그램에서

긍정적으로 설명하기로 약속한 거였어요. 또 방송사의 교양 프로그램이나 다큐멘터리에 건강식품으로 등장한 약품이나 재료들도 알고 보면 관련 기업들이 돈을 준 대가로 만들게 한 경우가 많았어요. 드라마나 예능 프로그램에서 뜬금없이 특정 식당의 로고가 노출된다거나 특정 제품을 지나치게 많이 보여주는 경우도 광고일 때가 많죠.

그러니 신문이나 인터넷, 방송을 통해 본 내용을 유심히 보셔야 해요. 미디어가 만든 건 객관적인 근거를 가졌다고 생각하기 쉽지만 그렇지 않아요. 혹시 오늘 본 기사에 특정 기업이 좋아할 내용만 잔뜩 있지는 않나요? 비판하더라도 정말 필요한 비판은 피하고 있지는 않나요? 이런 콘텐츠는 기업의 돈을 받고 만든 것일 수도 있어요.

이렇게 광고주의 영향을 많이 받는 문제를 극복하기 위해 광고 없는 미디어가 세계적으로 많이 생겨나고 있어요. 이런 미디어를 '비영리 미디어'라고 하는데요, 기업의 돈을 받지 않고 시민들이 후원해서 낸 돈으로 운영하고 있어요. 어떤 기업을 비판하든 누구의 압박도 받지 않고 자유로운 환경에서 취재를 할 수 있게 되는 거죠. 한국에도 〈뉴스타파〉, 〈셜록〉 같은 매체에서 기업 광고를 받지 않고 시민들의 지원을 받아 뉴스를 만들고 있답니다.

과거에는 주로 정치 권력이 미디어를 힘으로 짓눌러서 제역할을 하지 못하게 했다면, 오늘날은 광고주라 불리는 기업, 달리 말하면 경제 권력이 광고를 통해서 미디어를 자기에게 유리하게 사용하려 해요. 그러니 우리가 미디어를 볼 때 두 눈 부릅뜨고 감시해야겠죠. 또 좋은 미디어 환경을 만들기 위해 기꺼이 돈을 낼 필요도 있어요. 미디어 콘텐츠를 직접 만드는 사람이라면 미디어를 쥐고 흔들려 하는 경제권력의 힘을 어떻게 이겨내야 할지 고민이 필요할 거예요.

미디어 위의 미디어, 막강한 플랫폼

혹시 플랫폼이라는 말을 들어 봤나요? 기차역에서 열차가 드나드는 곳을 플랫폼이라고 불러요. 서울역 플랫폼에 가 보면 강원도, 경상도, 전라도 등 각지로 가는 열차들이 한데 모여 있죠. 새마을호, KTX 등 열차 종류도 다양하고요. 이 플랫폼이라는 개념이 미디어에도 쓰여요. 기차 한 칸 한 칸이 개별 콘텐츠라면 콘텐츠를 싣는 미디어가 모인 공간을 하나의 플랫폼이라고 볼 수 있어요.

인터넷 시대에 사람들은 다양한 플랫폼을 통해서 미디어

를 소비해요. 가령 네이버와 다음 같은 포털 사이트는 검색, 쇼핑, 뉴스, 동영상 등을 서비스하는 미디어 플랫폼이에요. 페이스북과 인스타그램은 사람들 간의 소통을 할 수 있는 기능에 특화된 플랫폼이라고 할 수 있어요. 유튜브, 틱톡, 트위치 같은 서비스는 동영상 콘텐츠에 특화된 플랫폼이죠.

30년 전에 KBS나 〈조선일보〉를 보던 방법과 오늘날의 방법은 크게 달라졌어요. 과거에는 KBS를 보려면 TV를 틀고 채널을 찾아 시청했죠. 〈조선일보〉를 보려면 신문사에 구독을 신청해 아침마다 배송되는 신문을 펼쳐 읽었고요. 그런데 지금은 유튜브나 네이버 등을 통해서도 볼 수 있어요. 과거에는 미디어를 직접 이용하는 방법밖에 없었다면 지금은 플랫폼을 통해서 간접적으로 이용하는 방법이 생긴 거죠. 혹시 최근 네이버나 다음에서 본 기사를 어느 매체에서 만들었는지 기억이 나나요? 포털*에서 본 건 알겠는데 그게 어느 미디어에서 만든 건지는 잘 모르겠죠?

★ 포털(portal) 인터넷에 접속할 때 사용하는 '문' 같은 사이트. 원하는 자료나 사이트를 검색하여 접속할 수 있다. 대표적인 포털로는 해외의 '구글'과 국내의 '네이버' '다음' 등이 있다.

여기서 퀴즈를 하나 내 볼게요. 그렇다면 포털은 언론일까요, 아닐까요? 포털이 처음 등장했을 때 논쟁이 벌어졌어요. 포털은 기사를 직접 만들지 않기 때문에 언론이 아니라고 봐야 한다는 주장과 기사를 직접 만들지 않더라도 기사를 고르고 배열하는 행위를 하니까 언론으로 봐야 한다는 주장이 맞섰어요. 오랜 논쟁 끝에 포털이 인터넷 신문들이 받는 법적 규제를 받으면서 사실상 언론으로 여겨지고 있어요.

이제는 신문사들이 아무리 기사를 열심히 만들어도 사람들은 언론사 홈페이지를 찾아가지 않고 포털에서 뉴스를 봐요. 예전에는 신문 1면과 방송사 첫 보도가 막강한 힘을 갖고 있었는데요, 이제는 그보다 훨씬 더 강한 힘을 포털이 갖게 됐어요. 포털이 감추는 소식은 세상 사람들이 알기 힘들게 됐고, 반대로 포털이 첫 화면에 보여 준 뉴스는 온 국민이 볼 수 있어요. 포털의 선택 하나하나가 세상을 크게 뒤흔들 만큼 막강한 힘을 갖게 된 거죠.

이제 올드미디어들은 플랫폼에 종속되어버렸어요. 다른 미디어들과 같은 플랫폼에 함께 묶이기 때문에 사람들의 이목을 끌지 않으면 있는지조차 알기 힘들게 되었죠. 이런 플랫폼의 성격 탓에 많은 부작용도 생겼어요. 기사 내용 같은 미디어의 알맹이보다 잘 검색되는 일에 더 신경을 쓰기 시작한 거예요. '허걱'이나 '충격'처럼 자극적이고 선정적인 제목을 붙이거나, 별거 아닌 일에 '단독'이라는 이름을 붙이는 식으로요. 자극적인 이야기를 다루는 기사가 많아지고, 정작

별 내용이 없는 기사도 많아졌어요.

이런 기사들이 쏟아지는 것도 '플랫폼 권력'과 관련이 있어요. 네이버와 다음 등 포털에 '실시간 검색어'라는 서비스가 있죠? 많은 사람들이 어떤 키워드를 많이 검색하는지 순위를 매겨 보여 주는 서비스예요. 많은 사람들이 포털에 들어가자마자 보이는 이 키워드를 확인하고 검색하죠. 그래서 많은 미디어가 눈에 띄기 위해 실시간 검색어를 활용해 기사를 써요.

자극적이고 선정적인 기사들을 잘 살펴보면 대부분 실시간 검색어 내용과 관련이 있을 거예요. 실시간 검색어에 담긴 키워드로 기사를 만들어 검색 결과에 잘 보이게 하고, 그 결과 사람들이 자신들의 언론사 사이트로 들어오게 하려는 작전이죠. 인터넷 언론사 사이트를 들어가 보면 광고가 덕지덕지 붙어 있잖아요? 이런 사이트는 사람이 많이 접속할수록 더 광고비를 받을 수 있어요. 즉, 사람들이 클릭할 만한 자극적인 기사를 만들어야 돈을 벌게 되는 거죠.

한 유명 가수의 열애설이 불거졌을 때 하루 만에 네이버와 다음에 쏟아진 관련 기사가 1,840개에 달했다고 해요. 어떤 언론사는 너무 자극적인 뉴스를 많이 써서 포털에서 퇴출당했는데, 이후 수익이 10분의 1 수준으로 크게 떨어졌다고 하

고요. 그만큼 플랫폼에 많이 의존했다는 뜻이죠.

어떤 인터넷 언론사는 포털이 비슷한 기사 중에서 가장 먼저 쓴 기사를 더 잘 보이는 곳에 배치한다는 사실을 알고 이전에 나간 기사의 제목과 내용을 새로운 내용으로 바꿔치기한 일도 있었어요. 북한군이 귀순한 사건이었는데, 이 언론사는 가장 먼저 이 소식을 다룬 것처럼 보이기 위해 전날 내보낸 다른 기사를 북한군 귀순 기사로 바꿔버렸죠. 그 결과 북한군이 귀순한 시각보다 이 기사가 만들어진 시각이 더 앞서버린 황당한 일도 생겼어요.

이처럼 포털에 얽매여 과도하게 경쟁하다 보니 제대로 취재하지 않고 오로지 클릭만 유도하는 저질 기사가 쏟아졌어요. 꼭 이렇게까지 해야 할까 싶지만 대부분의 사람들이 포털을 통해서 뉴스를 보기 때문에 미디어 입장에서는 어쩔 수 없는 면도 있어요. 포털에 하루에 쏟아지는 기사가 2만 개 정도라고 해요. 이 중에서 사람들이 주목하는 건 많아 봤자 수백 개에 불과하겠죠. 어떻게든 눈에 띄어 이 좁은 틈 사이로 들어가고자 아등바등하는 거예요.

플랫폼이 주도하는 환경에서 똑같은 소식을 다룬 기사나 알맹이 없는 기사가 쏟아지면 그 피해는 우리에게 돌아와요. 필요한 자료를 찾으려 해도 별 내용 없는 낚시성 기사로 뒤

덮이면 제대로 된 정보를 찾기 힘들어지고요. 만일 포털 같은 플랫폼이 무언가를 감추려고 한다면 우리가 찾고 싶은 중요한 내용을 찾을 수 없는 상황도 생길 거예요. 어때요, 플랫폼의 힘이 세지는 일이 생각보다 나의 삶과도 깊게 연관되어 있지 않나요?

내 마음에 쏙 드는 콘텐츠, 인공지능이 추천한다고?

　요즘 플랫폼은 또 하나의 큰 변화를 맞았어요. 플랫폼의 콘텐츠를 누가 어떻게 선별하는지 아나요? 바로 사람이 아닌 인공지능* 알고리즘이 하고 있어요. 알고리즘이라는 표현이 조금 어렵죠? 알고리즘은 사람이 아닌 컴퓨터가 자동으

> ★ **인공지능** 인간의 지능적인 행동을 따라하도록 만든 컴퓨터 프로그램.

로 일을 하는 개념이라고 이해하면 돼요. 과거 네이버 첫 화면에 들어가는 기사를 네이버 직원이 골랐다면 이제는 인공지능 알고리즘이 그 사람이 좋아할 만한 기사를 자동으로 추천해 주는 거죠. 뉴스뿐 아니라 유튜브와 페이스북, 넷플릭스 등 다양한 미디어 플랫폼에서 인공지능이 이런 식으로

콘텐츠를 추천해 줘요. 이 서비스들은 우리가 그동안 검색하고 이용한 기록을 바탕으로 우리가 무엇을 좋아하는지 자체적으로 분석하죠.

인공지능이 콘텐츠를 추천하면서 우리 삶은 많이 편리해졌어요. 특히 유튜브를 보면 내가 좋아할 만한 영상을 알아서 추천해 주고 그 영상을 다 보고 나면 연관된 영상도 자동으로 알려 주죠. 수많은 콘텐츠 중 내 취향을 알아서 찾아내 추천해 주다니, 정말 혁신적인 기능이라고 할 수 있어요.

그런데 이런 기능이 과연 좋기만 할까요? 편리함에도 불구하고 알고리즘이 오히려 악영향을 끼친다는 우려도 꾸준히 나오고 있어요. 알고리즘은 완벽하다고 착각할 수 있지만 이 또한 사람이 만든 거라 근본적으로 사람이 콘텐츠를 추천하고 배열할 때와 크게 다르지 않아요. 정리하자면 알고리즘을 만든 사람의 성향과 판단, 사회적 풍토, 외부의 환경이 개입되기 때문에 알고리즘이 사람 못지않게 치우쳐져 있을 수 있는 거죠.

인공지능은 사람들이 쌓은 데이터를 바탕으로 하기 때문에 사람들의 편견과 오해를 그대로 학습해요. 2016년 7월, 인공지능을 활용한 온라인 국제미인대회에서 프로필 사진을 심사하는 프로그램이 백인을 제외한 후보자들을 떨어뜨려

논란이 된 적이 있었어요. 또 구글의 온라인 광고가 여성보다 남성에게 더 높은 임금의 직업 광고를 추천하는 경향과 흑인들에게는 저렴한 상품을 집중적으로 보여 주는 경향이 높다는 연구 결과도 있죠. 인공지능이 의도치 않게 사회적인 차별을 하게 되는 거죠.

그렇다면 왜 플랫폼에서는 추천 알고리즘을 사용하는 걸까요? 그저 우리가 콘텐츠를 편리하게 사용하도록 하기 위해서일까요? 콘텐츠 배열과 추천 알고리즘을 왜 자꾸 도입하는지 한 번쯤 고민해 볼 필요가 있는데요, 앞서 나왔던 광고가 여기서 또 등장해요. 플랫폼 서비스가 돈을 벌기 위해선 사람들을 자신의 서비스에 오랫동안 묶어둬야 해요. 그래야 사용자들이 더 많은 광고를 보기 때문이에요. 여러분이 유튜브에 오래 머물면 그만큼 유튜브 내의 광고를 많이 보면서 유튜브가 돈을 더 많이 벌 수 있겠죠.

사람들을 오래 붙잡기 위해 좋아할 만한 콘텐츠만 계속 보여 주면서, 정보 편식에 따른 '필터 버블' 우려도 생겼어요. 필터 버블은 보고 싶은 것만 보다 보면 자신만의 세계에 갇힌다는 뜻이에요. 소셜미디어가 어떤 게시글을 노출하느냐에 따라서 여러분의 생각이 바뀔지도 몰라요. 미국행동·기술연구소는 실험을 통해 알고리즘을 어떻게 조절하느냐에 따라 사람들이 투표 대상을 바꿀 수도 있다고 밝혔어요. 페이스북은 이용자들을 두 집단으로 나누고 각각 긍정적인 글과 부정적인 글이 노출되도록 한 다음 반응을 비교하는 논문을 썼다가 '감정 조작실험'을 했다는 비판을 받기도 했어요. 지금도 우리가 모르는 사이에 플랫폼이 우리를 실험실 생쥐처럼 다양한 실험을 하고 있는지도 몰라요.

특히 요즘 남녀노소가 좋아하는 유튜브에서 이런 문제가 심각해요. 〈월스트리트저널〉에 따르면 유튜브는 추천 알고리즘으로 사람들이 머무는 시간을 70% 이상 늘렸대요. 이 과정에서 음모론적인 내용을 자주 추천하고 있는 것으로 나타났고요. 유튜브의 전 엔지니어인 기욤 샬로는 〈가디언〉에 "체류시간에만 집중된 유튜브 추천 시스템은 필터 버블과 페이크뉴스를 발생시킬 수밖에 없었다"고 폭로했어요.

알고리즘이 무서운 진짜 이유는 우리 삶 곳곳에 침투해 우리 삶을 지배하는 '권력'임에도 우리는 그 정체를 모르기 때문이에요. 알고리즘이 어떻게 작동하는지 우리는 알지 못해요. 우리가 견제하기 어려운 막강한 힘이 되어버린 거죠.

그러면 알고리즘 자체를 어떻게 견제할 수 있을까요? 알고리즘이 문제가 있으니 그 내용 자체를 공개해야 한다는 요구가 많아요. 국회에는 플랫폼 사업자에 알고리즘 공개를 강제

하는 법안도 나올 정도예요. 그런데 알고리즘을 공개하라는 건 무리한 요구이기도 해요. 플랫폼 사업자들이 열심히 연구해서 만든 영업비밀인데 그걸 드러내놓을 수는 없고, 누군가 공개된 정보를 악용할 가능성도 있으니까요.

그래서 세계적으로 알고리즘을 자체를 공개할 수는 없다는 점에는 동의하면서 대신 알고리즘의 성격을 제대로 설명을 해야 한다는 논의가 이어지고 있어요. 플랫폼 기업들이 자신들의 알고리즘이 어떤 방식으로 작동하고 있는지, 이용자에게 왜 이 콘텐츠를 추천했는지 그 이유와 원리를 쉽게 설명해 주는 거죠. 물론 진짜 능동적인 이용자가 되기 위해서는 플랫폼이 갖다 주는 정보만 받아들이지 않고 다양한 정보를 살피고 판단하는 습관이 필요해요. 우리를 편리하게 해 주는 것 같은 플랫폼이지만 때로는 비판적으로 살펴보는 거죠.

지금까지 얘기한 것처럼 인터넷 시대에 플랫폼은 기존의 미디어보다 막강한 권한을 갖게 됐어요. 플랫폼의 선택이 곧 수많은 사람의 생각에까지 영향을 미치게 된 거죠. 그리고 이 플랫폼 환경에서 살아남기 위해 문제가 많은 미디어 콘텐츠도 생겨났어요. 최근에는 이 플랫폼 기업들이 사람이 아닌 기계 알고리즘으로 콘텐츠를 배열하고 추천하면서 우리

보다 우리를 더 잘 아는 존재가 되어 버렸고요. 디지털 시대를 살아가는 능동적인 시민으로서 우리는 무엇을 해야 할까요? 어려운 질문이죠? 그렇다면 스스로 고민하고 생각할 필요가 없는 세상이 과연 좋기만 할지 생각해 보는 것에서 시작하는 게 어떨까요?

광고를 거부하고 시민들로부터 후원을 받아 운영하는 미디어들이 있어요. 이 같은 비영리 독립 미디어들은 세계 곳곳에서 활약하고 있는데요, 기업의 간섭을 받지 않으며 오랫동안 하나의 사건을 집요하게 파헤치면서 사회의 문제점을 고발하고 있어요. 한국과 외국의 비영리 독립 미디어는 어떤 곳이 있는지 소개할게요.

● 프로퍼블리카

〈프로퍼블리카(Propublica)〉는 미국의 대표적인 비영리 독립 미디어로 탐사보도를 전문적으로 하는 온라인 매체예요. 탐사보도는 사건을 오랫동안 추적해 본질적인 문제를 깊게 다루는 보도를 뜻해요. 〈프로퍼블리카〉는 2008년, 샌들러 재단이라는 곳의 기부를 받아 만들어졌는데 기부의 조건은 "탐사보도를 잘하는 언론을 만들어 달라"는 것이었어요.

대표적인 보도로는 미국의 카트리나 허리케인 당시 고립되었던 한 병원에서 대피가 불가능한 환자들을 안락사시킨 사실을 무려 2년 반에 걸친 취재를 통해 폭로한 기사 '메모리얼 병원의 죽음의 선택'이 있어요. 이 보도는 미국에서 가장 권위있는 언론상인 퓰리처상을 받았는데, 인터넷 언론 가운데 처음이었어요. 또 페이스북의 알고리즘이 인종에 따라서 차별적으로 광고를 보여 준다는 사실을 밝혀내기도 했죠.

● 메디아파르

〈메디아파르(Mediapart)〉는 프랑스의 비영리 독립 미디어예요. 2008년에 만들어진 온라인 매체죠. 〈메디아파르〉는 돈을 내야만 기사를 볼 수 있는 유료 구독 시스템으로 운영되고 있어요. 약 7만 5천 명의 정기구독자가 매년 우리 돈으로 10만 원 정도 되는 구독료를 내고 있죠.

〈메디아파르〉는 누구의 편도 들지 않고 권력을 비판하는 매체예요. 보수 성향의 사르코지 대통령 시절에는 대통령이 불법적인 돈을 받았다는 사실을 폭로했고요. 반대 성향의 올랑드 정권 때는 예산을 담당하는 장관이 세금을 내지 않으려 했다는 의혹을 심층 취재해 그가 사임하도록 했어요. 중립적인 시각에서 독립적으로 기사를 쓰려고 노력한다는 점에서 시민들에게 큰 신뢰를 받고 있어요.

● **뉴스타파**

"여러분 안녕하십니까. 광고와 협찬을 받지 않는 99% 시민들의 독립언론, 뉴스타파입니다."

〈뉴스타파〉 영상의 오프닝 멘트예요. 〈뉴스타파〉는 한국의 대표적인 비영리 독립 미디어로 인터넷 방송사예요. 2012년 정치권력으로부터 독립하기 위한 싸움을 하다 해직된 기자와 PD들을 주축으로 만들어졌어요. 3만명이 넘는 시민이 정기적으로 내는 후원금으로 운영되고 있죠.

〈뉴스타파〉는 세금을 피하기 위해 재벌 총수들이 이름만 존재하는 가짜회사인 페이퍼컴퍼니를 해외에 설립했다는 사실을 보도했어요. 이 보도는 한국의 주요 방송사들이 〈뉴스타파〉 보도를 그대로 받아쓸 정도로 독보적인 특종이었어요. 또 박근혜 정부 당시 간첩 조작사건, 위안부 할머니 문제 등 사회적인 문제를 다룬 다큐멘터리 영화를 제작해 주목받기도 했어요.

● **셜록**

〈셜록〉은 '진실탐사그룹'이라는 수식을 붙인 미디어예요. 〈오마이뉴스〉 출신 박상규 기자가 억울하게 누명을 쓰고 감옥에 갇혔던 사람들의 이야기를 담은 '재심' 프로젝트로 본격적인 활동을 시작했죠. 그는 억울하게 죄를 덮어쓴 시민을 설득하기 위해 9개월 동안 노력했다고 해요.

2017년에 창간된 〈셜록〉은 인터넷 웹하드 회사 대표의 갑질 사건을 보도하며 주목받았고, 여러 단체의 부도덕한 일을 폭로하는 보도를 했어요.

4장
새로운 미디어 시대의
빛과 그늘

취향저격 콘텐츠, 좋기만 할까?

"10대들이 TV를 보지 않는 이유는 부모님이 리모컨을 잡고 있거나, 자신의 방에 TV가 없어서가 아니에요. 유튜브에서 나온 크리에이터*들의 콘텐츠가 10대들에게 가장 재미있기 때문이죠."

10대들의 대통령으로 불릴 정도로 인기가 많은 유튜브 크리에이터 도티가 한 말이에요. 인터넷의 능장으로 새로운 미디어 시대가 열리면서 사람들은 다양한 콘텐츠를 언제 어디서든 만날 수 있게 됐어요. 과거에는 저녁만 되면 온 가족이 TV에 나란히 앉았어요. 2000년에 방영된 MBC 드라마 〈허준〉은 최고시청률이 64%에 달했어요. 10%만 넘어도 대박 드라마라고 하는 요즘과는 비교가 되지 않을 정도죠. VOD*로도 드라마를 볼 수

* **크리에이터** 유튜브 등 뉴미디어 사이트에 영상을 만들어 올리는 창작자.
* **VOD(video on demand)** 보고 싶은 영상을 원하는 시간에 볼 수 있도록 제공하는 서비스.

있는 지금과 달리 사람들은 TV로 방송을 볼 수밖에 없었고 채널도 많지 않았어요. 무엇보다 인터넷 콘텐츠라는 막강한 경쟁자가 없었기에 가능했던 일이죠.

인터넷이 등장하면서 많은 것이 변했어요. 가장 큰 변화가 우리의 취향을 저격하는 콘텐츠가 많아졌다는 점이에요. 왜 그럴까요? TV 방송에선 콘텐츠를 만들 때 20살 정도 나이 차이를 기준으로 고민한다고 해요. 이 드라마나 예능 프로그램을 즐겨 볼 사람이 20대에서 40대까지인지, 아니면 60대에서 80대가 좋아할 만한 내용인지 고민하면서 만드는 식이죠. TV 방송은 정해진 시간에 채널당 하나의 콘텐츠밖에 내보낼 수 없으니 최대한 많은 사람이 두루 좋아할 만한 콘텐츠를 만들어요. 어린이 프로그램은 오전이나 낮 시간, 어른들을 위한 프로그램은 저녁, 노인들을 위한 프로그램은 주말 낮에 편성하는 식으로 방송이 나가는 시간대도 고려하고요.

반면 인터넷 방송은 그렇지 않아요. 똑같은 뷰티 콘텐츠라고 해도 20대 초반이 좋아하는 화장품과 20대 중반이 좋아하는 화장품이 다르고, 두 살짜리와 네 살짜리가 좋아하는 장난감이 다르죠. 그래서 인터넷 방송 콘텐츠를 만들 때는 대상을 좀 더 좁혀서 콘텐츠를 만들고 있어요. 또 콘텐츠를 만드는 사람들이 다양해지다 보니 여러 사람의 취향에 맞는 콘텐츠가 나오기도 했어요. TV 가요프로그램에 나올 수 있는 가수는 한정되어 있지만, 인터넷 방송에서는 발라드면 발라드, 힙합이면 힙합 등 장르별로 제한 없이 다양한 콘텐츠가 만들어지고 있어요.

이렇게 콘텐츠를 마음껏 볼 수 있게 된 데는 알고리즘의 역할도 컸어요. 알고리즘은 앞서 설명했듯 자동으로 데이터를 분석해 결정하는 시스템을 말해요. 무한대로 쏟아져 나오는 콘텐츠 중에서 우리 취향에 맞는 콘텐츠를 일일이 다 찾아보기는 힘들 거예요. 그래서 인터넷 미디어들은 추천 알고리즘을 통해 사람들이 어떤 콘텐츠를 주로 찾아보는지를 분석한 다음, 그 사람이 좋아할 만한 걸 계속 추천해 주고 있어요.

이런 추천 알고리즘으로 유명한 회사가 바로 넷플릭스예요. 넷플릭스는 원래 비디오테이프를 대여하는 회사였어요. 엄청나게 많은 영상을 갖고 있어도 사람들은 신작이 아니면 잘 찾아보지 않았죠. 그래서 어떻게 하면 예전에 나온 작품도 사람들이 많이 찾아볼지 고민한 끝에 추천 알고리즘을 만들었어요. 그 결과 넷플릭스는 "나보다 나를 잘 알고 있다"는 평가를 들을 정도로 수준 높은 추천 시스템을 자랑해요. 이용자들이 주로 시청한 영상을 바탕으로 유사한 영상을 추천해 주죠.

유튜브도 끊임없이 우리에게 콘텐츠를 추천하고 있어요. 유튜브 첫 화면이 사람마다 다른 건 알고 있나요? 유튜브에서는 이용자의 취향을 파악해서 좋아할 만한 영상을 첫 화면에 보여 줘요. 동물을 좋아하면 첫 화면에 동물 영상이, 아이돌의 팬이라면 아이돌 무대 영상이 뜨는 식이죠. 또 영상을 시청하는 도중에도 연관된 영상을 줄지어 추천해요. 영상 하나 보려고 유튜브에 들어갔다가 추천 받은 영상을 보고, 또 보느라 시간이 꽤 많이 흘러버린 경험이 있을 거예요.

인터넷 미디어가 우리의 취향을 저격하는 콘텐츠를 추천해 주는 덕에 즐거운 시간을 보내기도 하지만, 한편으로는 통제력을 잃은 채 헤어나지 못할 수 있어요. 무언가에 과도하게 빠져들어서 제대로 된 일상생활이 불가능한 상태를 '과몰입'이라고 불러요. 인터넷의 등장과 함께 이 과몰입에 대한 우려가 커졌는데, 유튜브를 비롯한 인터넷 미디어 서비스가 시작되면서 그 걱정이 더 커졌어요. 특히 아주 어릴 때부터 스마트폰으로 영상을 오래 보면 친구들과 뛰어놀고 대화하는 것보다 영상 보는 걸 더 좋아하게 될 수 있어요. 아무리 즐겁고 재밌어도 스스로 통제할 수 없을 정도로 빠져드

는 건 위험하겠죠?

필터 버블 문제도 있어요. 앞 장에서 언급한 것처럼 필터 버블은 보고 싶은 것만 보게 하면서 한쪽 관점으로 치우치게 하는 문제가 있어요. 새가 날려면 두 개의 날개가 모두 필요한 것처럼 한 사회가 제대로 굴러가려면 상반된 두 시각이 균형 잡혀야 한다고 해요. 그런데 미디어 콘텐츠를 자꾸 한쪽 관점으로만 보면 편향된 이야기만 접하고, 그러면 합리적으로 생각하지 못할 수 있어요. 그래서 특히 정치, 사회적인 내용을 다룬 콘텐츠를 볼 때는 다양한 관점과 생각을 함께 살피는 습관을 기르는 게 중요해요.

자동으로 콘텐츠를 추천하는 방식은 큰 노력 없이도 우리 취향에 맞는 콘텐츠를 볼 수 있다는 점에서는 긍정적이에요. 하지만 끊임없이 이어지는 추천에 허우적거리느라 언제까지 콘텐츠를 보고, 언제 그만 볼지 스스로 조절하는 힘을 잃는다면 문제가 되겠죠? 또 같은 음식만 계속 먹으면 필요한 영양소를 골고루 섭취하지 못하는 것처럼 균형 잡힌 콘텐츠를 소비하는 것도 우리 몸을 챙기는 일만큼이나 중요할 거예요.

모든 것이 콘텐츠가 되는 세상

인터넷 방송이 등장하기 전에 어떤 PD가 먹방 같은 내용으로 TV 방송을 제작하고 싶다고 했다면 아마 이런 핀잔을 듣지 않았을까요? "도대체 이런 걸 누가 본다는 거야?" TV 방송과 인터넷 방송은 여러모로 달라요. 보통 TV에는 유명한 연예인이 나오는데 인터넷 방송은 꼭 그렇지는 않고 흔히 볼 수 있는 내용도 많이 나오죠.

유튜브가 구글이라는 회사의 것이라는 걸 아는 친구가 많을 거예요. 그런데 처음부터 그런 것은 아니었어요. 2006년에 유튜브의 가능성을 본 구글이 그 회사를 산 것이죠. 당시 미국 언론들은 영화나 드라마처럼 좋은 콘텐츠가 많은데 왜 굳이 보통 사람들이 만든 평범한 콘텐츠를 선보이는 서비스에 투자하는지 이해하기 힘들다는 반응이었어요.

하지만 지금은 오히려 이 평범한 콘텐츠에 많은 사람이 몰리고 있어요. 한국 인터넷 방송을 통해 탄생한 음식을 먹는 방송 장르인 '먹방' 콘텐츠는 세계적으로 큰 화제를 불러일으켰죠. 처음 먹방이 인기를 끌 때 어른들은 평범한 사람이 나와서 음식을 먹는 내용이 전부인데 대체 이걸 왜 보는지 의아해했어요.

이제 먹방은 엄청난 인기 콘텐츠예요. 오히려 TV에서 인터넷 방송의 영향을 받아서 먹방 콘텐츠를 만들기도 했죠. 한국에서 시작된 먹방은 세계적으로 알려졌어요. 위키백과에서 'muk bang'을 검색해 보면 한국에서 유래된 인기 콘텐츠 장르라고 설명되어 있어요. 유튜브에서 'muk bang'을 검색하면 세계 각국의 먹방을 만나 볼 수 있고요. 만일 인터넷이 없었다면 절대 이런 방송이 등장할 수 없었을 거예요.

브이로그(V-log)도 인터넷 방송이 만들어 낸 독특한 장르예요. 브이로그는 비디오의 'V'와 블로그의 'log'를 합친 표현으로 일상을 올리는 콘텐츠를 뜻해요. 연예인과 1인 방송 크리에이터들이 인터넷 방송 서비스나 SNS를 통해 일상에 대한 사진과 영상을 많이 올리고 있어요. 특별하게 꾸며낸 모습이 아닌 평범한 일상을 보여 주어 시청자가 쉽게 친밀함을 느끼기도 해요.

뉴미디어 시대가 열리면서 시간이나 장소에 구애받지 않고 편집될 걱정 없이 자유롭게 소통할 수 있게 되었어요. 하고 싶은 얘기가 있으면 언제든 콘텐츠를 만들어서 마음껏 얘기 나눌 수 있죠. 크리에이터나 인터넷에서 화제를 모은 사람들이 SNS를 통해 자기 생각을 솔직하게 얘기하고, 팬들이 궁금한 점을 물으면 직접 답하기도 해요. 이 과정에서 친

구처럼 편하게 반말을 하는 경우도 있고, 오늘 무슨 일을 했는지 소소한 얘기를 주고받기도 해요. 사람과 사람을 이어주는 미디어가 훨씬 촘촘해진 거죠.

누구나 자유롭게 자신의 이야기를 펼칠 수 있는 인터넷 세상이 열리면서, 미디어의 콘텐츠도 다양해졌어요. 덕분에 평범하고 소소해서 기존의 미디어에는 실리지 못하던 내용들도 하나의 장르로 인정받게 되었죠. 하지만 때로는 이 새로운 미디어의 '자유'가 큰 문제를 낳기도 해요. 누구나 자유로운 표현을 할 수 있다는 점이 오히려 독이 되는 것이죠. 과연 어떤 경우일까요?

인터넷에서는 언론사처럼 따로 게이트 키핑이 이뤄지지 않아요. 내용을 하나하나 확인하고 걸러내는 사람이 없기 때문에 욕설이나 혐오표현 등 문제가 되는 콘텐츠도 버젓이 올라가곤 하죠. 혐오표현이라는 표현은 낯설 수 있는데요, 국가인권위원회는 혐오표현을 이렇게 정의하고 있어요.

'어떤 개인·집단에 대하여 그들이 사회적 소수자로서의 속성을 가졌다는 이유로 그들을 차별·혐오하거나 차별·적의·폭력을 선동하는 표현.'

주로 여성이나 장애인, 성 소수자 등 사회적으로 힘이 약한 사람들에 대한 공격적인 표현을 말해요. 인터넷에서 찾아보면 이런 혐오표현이 정말 많이 나와요. 인터넷 커뮤니티, 기사 댓글은 물론 인기 크리에이터들도 많이 쓰고 있죠. "장애인처럼 행동하네?" "여기 자폐아들이 많은 거 같아." 이 말들은 실제 인터넷 방송 유명 크리에이터들이 한 말이에요. 그저 재미로 쓴 말인데 무슨 문제가 있냐고 생각할 수 있지만, 이런 표현들은 장애인에 대한 편견을 조장하고 꼬리표를 붙일 뿐 아니라 실제 차별로도 이어질 수 있다는 점에서 문제가 심각해요.

혐오표현은 누군가를 차별하는 의미가 담긴 경우가 많아요. 일제 강점기 때 사용됐던 '조센징'은 일본말로 조선인이라는 뜻인데요, 아직도 일본에서 한국을 극단적으로 싫어하는 사람들은 한국인을 조센징이라고 불러요. 이 말에는 단순히 조선인이라는 뜻이 아닌, 일본인이 한국인보다 우월하다는 생각과 한국 사람을 얕잡아 부르는 의미가 담겨 있는 거예요. 마찬가지로 '장애인'이나 '다문화' 같은 말도 본래 문제가 되는 단어가 아니었음에도 이 말을 사용하는 사람들의 의식에 따라 차별의 의미가 입혀요.

이런 혐오표현은 주로 힘이 약하거나 수가 적은 사람을

향한 공격으로 이어지기 때문에 더욱 문제가 돼요. 여성이나 장애인, 피부색이 다른 아이들을 향해 혐오표현을 쓰다 보면 그 사람들에게 무조건 문제가 있는 것처럼 생각할 수 있고, 그러면 미디어에서뿐 아니라 실제 생활에서도 차별하고 괴롭히는 문제가 벌어져요. 표현의 자유가 있다곤 하지만 이런 혐오 및 차별 표현은 사람들에게 고통을 주고, 사회적으로도 크게 문제가 될 수 있기 때문에 독일 등 여러 나라에선 법으로 금지하고 있어요.

특히 조심해야 할 게 의도가 좋다고 해서 꼭 좋은 표현인 건 아니에요. 겉으로 보면 칭찬처럼 들리는 말도 문제가 될 수 있어요. 예능 방송에서도 흔히 사용되는 '흑형' '흑누나'라는 표현이 있어요. 이 말은 그 사람이 흑인이라는 점을 부각시키면서 특정한 편견을 부여해요. 누가 우리에게 "너는 아시아 사람이라서 수학을 잘하는구나?"라고 말한다면 어떨까요? 아시아 사람이라는 정체성으로 그 사람을 규정하고 특정한 성격을 부여하고 있어요. 만약 저 말이 사실이라면 우리나라에 '수포자'는 없겠죠? 마찬가지로 흑인이기 때문에 랩을 잘하고 운동을 잘할 거라는 생각도 모두 편견이에요.

누구나 미디어를 즐길 수 있어야 하는데, 내가 보는 미디어가 누군가를 차별하고 조롱한다면 어떨까요? 모두가 미디어를 마음껏 누리기 위해선 내가 보는 미디어가 누군가에게 상처를 주지는 않는지, 선입견을 품도록 하지는 않는지 고민해 봐야 할 거예요.

혐오표현이 아니더라도 인터넷 미디어의 환경이 자극적인 표현을 부추기고 있기도 해요. 인터넷 방송은 사람들이 관심이 곧 조회수가 되고 그 조회수가 곧 돈이 되니까 선정적이고 자극적인 표현을 많이 쓰는 문제가 있어요. 국내 한 인터넷 방송 진행자는 이목을 끌기 위해 생방송 중에 자신이 키우는 강아지를 집어던지고 때렸어요. 미국에서는 세탁 세제를 먹는 도전 영상이 인기를 끄는 바람에 많은 사람이 따라해 사회적으로 문제가 되기도 했고요. 조회수로만 판단한다면 이 영상들은 성공한 콘텐츠겠지만, 과연 좋은 콘텐츠라고 할 수 있을까요?

모든 것이 콘텐츠가 될 수 있다지만, 이런 부적절한 콘텐츠까지 방치하는 건 문제가 있겠죠. 사실 유튜브를 비롯한 인터넷 미디어 회사들은 혐오표현이나 선정적이고 자극적인 표현을 무책임하게 방치하고 있지는 않아요. 유튜브에서도 2019년 1월부터 3월 동안 유튜브 내부 규정인 가이드라인을 위반해 삭제한 콘텐츠가 829만 개에 달해요.

그런데도 왜 문제 많은 콘텐츠가 계속 눈에 띄는 걸까요?

아무리 막으려고 해도 매 순간 전 세계에서 올라오는 미디어 콘텐츠가 정말 많기 때문에 이를 일일이 단속하고 통제하기 힘들어요. 또 막상 그 서비스에서 물의를 일으킨 크리에이터의 영상을 지우거나, 방송을 못 하게 막아도 다른 서비스에 가서 비슷한 내용으로 언제든 같은 표현을 쓰는 경우도 많아요.

결국 규제나 단속보다 더 중요한 것은 우리의 생각을 바꾸는 것일 거예요. 미디어를 만드는 사람과 이용하는 사람 모두 문제의식을 느끼는 게 중요해요. 미디어 생산자는 콘텐츠를 만들거나 인터넷에 글을 쓸 때 혐오표현을 쓰지 않도록 조심해야겠죠. 미디어 이용자로서는 문제가 있는 콘텐츠는 무시하고 외면하는 게 좋은 방법인 거 같아요. 자극적이고 폭력적인 표현을 쓰는 목적은 사람들의 관심을 끌기 위해서인데, 아무도 관심을 주지 않는다면 그 콘텐츠는 자연히 힘을 잃을 거예요. 그게 커뮤니티 글이든, 댓글이든, 영상이든 말이죠. 인터넷 방송은 특히나 관심이 곧 수익으로 이어지기 때문에 더 자극적인 표현이나 행동을 하는 경우가 많아요. 이러한 미디어의 특징을 이해하고 이용한다면 더 능동적인 미디어 이용자가 될 수 있지 않을까요?

누구나 뉴스를 만들 수 있다면?

 2010년 12월 17일 튀니지 중부에 있는 한 작은 도시에서 26세 청년 모하메드 부아지지가 경찰의 과도한 노점상 단속에 반발하며 자신의 몸에 불을 붙였어요. 이 소식은 SNS에 올라왔고 많은 튀니지 시민들이 이를 공유하며 분노해요. 이후 시민들은 SNS를 통해 시위를 조직하고, 자신들의 싸움을 전 세계에 알려요. 이 사건은 결국 튀니지의 시민들이 23년 독재 체제를 무너뜨리는 역사적인 일로 발전했어요. 이를 두고 튀니지의 대표 꽃 이름을 따서 재스민 혁명이라고 불러요.

 앞서 살펴본 것처럼 힘을 가진 권력자가 미디어를 통제하면 사람들은 진실을 알기 힘들어져요. 하지만 인터넷이 등장하면서 권력자가 신문과 방송을 통제하더라도 진실을 널리 퍼뜨릴 수 있게 되었어요. 더 이상 시민들은 신문이나 방송이 알려 주는 내용을 일방적으로 받아들이지 않아요. 인터넷을 통해 기존 미디어가 제대로 알려 주지 않는 것을 직접 알아보고, 왜곡하거나 거짓말을 한 사실을 잡아내기도 해요. 직접 취재를 해서 부조리를 폭로하기까지 하죠. 또 각지의 사람들이 서로 토론하고 어떤 행동을 할지 논의할 수도 있게 됐어요.

한국에서는 2008년 촛불집회 때 포털사이트 다음 속 '아고라'라는 이름의 서비스에 많은 사람이 모였어요. 광장이라는 뜻의 '아고라'는 사람들이 자기 생각을 자유롭게 말하고 토론하는 공간이었어요. 이 공간을 통해 많은 사람이 집회를 계획하기도 했어요. 언론이 사실과 다른 보도를 하면 시민들이 나서 그 사실을 비판했고요. 이때 집회 현장을 찍어서 인터넷에 올리는 일도 시작됐어요. 당시 찍어 올린 영상을 통해 경찰이 과도하게 시민들을 진압한 실상이 드러나기도 했어요.

물론 여기에도 두 얼굴이 있어요. 누구나 목소리를 낼 수 있게 되고 정보가 빠르게 확산하면서 민주주의에 기여할 수 있게 됐지만, 다른 한편으로는 검증되지 않은 잘못된 정보가 빠르게 퍼지면서 많은 사람이 피해를 보는 문제도 있어요.

사실이 아닌 정보를 흔히 '가짜 뉴스'라고 불러요. '페이크 뉴스(Fake News)'를 번역한 말로 미국에서 만들어졌죠. 원래는 사실이 아닌 내용을 언론사 사이트처럼 흉내 내서 사람들을 속이는 뉴스를 가리키는 표현이었어요. 2016년 미국 대선 때 ABC 같은 미국의 유명 미디어 기업의 이름을 흉내 내고 '프란치스코 교황이 도널드 트럼프 후보를 지지했다'라는 식으로 사실이 아닌 내용을 뉴스로 만들어 퍼뜨린 게 대표적인 페이크 뉴스예요.

〈버즈피드〉라는 미국 언론이 분석한 결과는 충격적이에요. 미국의 대통령 선거가 있기 전 3개월 동안 인기를 끌었던 가짜뉴스 20건의 페이스북 내 공유·반응·댓글 건수가 총 871만 건이 넘었어요. 이는 CNN과 같은 미국의 유명한 언론사가 쓴 기사 중 가장 많은 사람이 호응했던 20건에 대한 반응(736만 건)보다 더 많았어요.

가짜 뉴스는 범죄까지 일으켰어요. 미국의 한 피자집 앞에서 한 남자가 총을 쏘는 사건이 벌어진 적이 있어요. 경찰은 그를 체포해서 왜 총을 쏘았는지 물었는데 그 남자는 "힐러리 클린턴의 범죄를 밝히기 위해 총을 쐈다"라고 했어요. 당시 인터넷에는 힐러리 후보가 피자집에서 아동 성매매 범죄를 했다는 가짜 뉴스가 퍼져 있었어요.

그런데 가짜 뉴스라는 표현에 문제가 있다는 걸 아나요? 아까 설명한 것처럼 이는 언론이 아닌데 언론을 흉내 내서 속이는 뉴스를 가리키는 말인데요, 실제로는 이런 방식 말고도 다양한 형태로 유포되고 있어요. 굳이 특정 언론사인 척을 하지 않고도 카카오톡이나 SNS를 통해 사진이나 글,

영상 등 다양한 형태로 유포되고 있어요. 또 가짜 뉴스라는 표현에 '뉴스'가 들어가다 보니 정치권에서는 자신의 마음에 안 들거나 자신을 비판하는 뉴스를 가짜 뉴스라고 무분별하게 부르기도 해요. 이런 문제가 있어서 유럽에서는 '허위정보'라는 이름으로 부르기로 했답니다. 그래서 지금부터는 허위정보라고 부를게요.

허위정보는 누가 만들고 왜 퍼뜨리는 걸까요? 첫 번째 이유는 정치적인 이익을 얻기 위해서예요. 자신이 좋아하는 정치인은 긍정적으로 포장하고 싫어하는 쪽은 깎아내리는 허위정보를 만드는 경우가 많아요. 일부 극단적인 시민들이 주로 이런 허위정보를 만들어요.

두 번째는 경제적인 목적을 위해서예요. 미국 대선 때 '프란치스코 교황이 트럼프를 지지한다'는 페이크 뉴스가 논란이 되었다고 했죠? 놀랍게도 이 허위정보를 만든 사람은 마케도니아에 위치한 벨레스라는 소도시에 사는 10대 청소년들이었어요. 이들은 순전히 돈을 벌기 위해 이런 일을 벌인 거라고 밝혔어요.

이처럼 게이트 키핑이 없는 자유로운 미디어 환경은 전통적인 미디어 없이도 시민 스스로 미디어가 될 수 있도록 해 줬어요. 그 결과 재스민 혁명처럼 사회를 바꾸는 데 긍정적으로 기여하기도 했죠. 하지만 반대로 사실과 다른 정보를 무분별하게 퍼뜨리게 만들기도 했어요. 시민들이 스스로의 생각을 자유롭게 말할 수 있으면서도 허위정보가 판치지 않는 인터넷 공간을 만들기 위해서는 꾸준한 노력이 필요해요.

지워도 지워지지 않는 나의 흔적

혹시 좋아하는 친구의 SNS에 몰래 들어가 본 적 있나요? 요새는 SNS에 이름을 검색해 보면 어디 사는 누구인지, 무엇을 좋아하는지 금방 알 수 있죠. '구글링'이라고 해서 구글에서 검색해 보면 안 나오는 정보가 없고요. 무한한 정보를 편하게 검색하면서 우리 삶은 편해졌어요. 인터넷이 없던 시절이라면 잊고 지내던 친구의 근황도 언제든 확인할 수 있고요. 공부하거나 숙제를 할 때 다양한 정보를 쉽게 찾아볼 수도 있어요.

그런데 개인에 대한 정보가 많이 남아 있는 건 무서운 일이기도 해요. 이름이나 아이디를 검색하면 인터넷에 남긴 다양한 흔적들을 찾을 수 있어요. 이벤트에 참여한 내역이나 오래전 게시판에 올린 글도 찾을 수 있죠. 심지어 누군가가 인터넷을 통해 나의 내밀한 정보까지 훔쳐볼 수 있어요.

특히 인터넷에 올라온 정보는 지운다고 지워지지 않아서 평생 고통을 받기도 해요. 연인과 데이트 사진을 인터넷에 올리면, 헤어지고 나서 그 사진을 지우곤 하지만 누군가가 그 사진을 퍼갔다면 나중에 악용할 수 있어요. 과거 무심코 쉽게 한 말을 시간이 지나서 후회하고 반성했는데 인터넷에 기록이 남아서 발목을 잡을 수도 있고요. 아무 죄가 없는데 경찰에 잡혀갔다는 기사가 계속 인터넷에 남아 평생 억울한 심정으로 살아갈 수도 있어요.

그렇다면 인터넷에 뜬 개인 정보를 그대로 내버려 둬야 할까요? 이 문제를 두고 세계적으로 '잊혀질 권리' 논쟁이 뜨거웠어요. 스페인의 변호사 마리오 코스테하 곤살레스가 2009년에 '잊혀질 권리'를 말하면서 세계적으로 뜨거운 감자로 만들었죠. 그는 과거 빚 때문에 집이 경매에 넘어갔다는 내용의 기사가 구글에서 자꾸 검색되어서 인권이 침해되고 있다며 고통을 호소했어요. 그리고 구글에서 자신의 집 경매 소식이 검색되지 않도록 해 달라며 유럽사법재판소에 소송을 제기하죠. 유럽사법재판소는 5년 동안 고심한 끝에 2014년 "사생활 침해 가능성이 있으니 검색 결과를 지워라"고 판결해요. 이후 세계적으로 잊혀질 권리와 관련한 법적

분쟁이 이어지죠.

개인이 겪는 괴로움을 생각하면 잊혀질 권리는 반드시 필요한 것 같지만, 잊혀질 권리를 무한대로 보장할 수는 없어요. 자칫 표현의 자유와 알 권리를 침해할 수 있기 때문이에요. 실제로 많은 정치인들이 선거할 때가 되면 자신의 과거 잘못을 다룬 글을 지워달라고 요구해요. 이 경우 잊혀질 권리와 시민들의 알 권리가 충돌하게 돼요. 그래서 잊혀질 권리를 인정한다고 해도 정치인이나 기업인 등 공인에 대한 내용이거나 내용이 사실일 경우에는 적용하지 않아야 한다는 의견이 있어요.

실제로 잊혀질 권리는 제한적으로 적용되고 있어요. 〈한겨레〉 신문사의 경우 "역사적 기록물인 신문기사가 당사자의 요구가 있다고 해서 임의로 수정·삭제되어서는 안 된다"는 원칙을 세우면서 동시에 최종 재판에서 무죄로 밝혀진 경우와 잘못된 정보, 불필요하게 개인정보가 노출된 경우에는 기사를 수정하거나 삭제한다는 원칙을 정했어요. 두 권리 사이의 균형을 잡기 위한 노력을 확인할 수 있죠.

우리 정부도 2016년부터 잊혀질 권리 가이드라인을 만들어서 인터넷 사업자들이 적용하도록 했는데, 많은 논쟁 끝에 당사자가 쓴 글에 한해서만 지울 수 있도록 했어요. 방송통신심의위원회에서는 인터넷상 명예훼손 글에 대한 삭제를 결정하는 심의를 하는데요, 대상이 공인일 경우에는 심각한 허위사실이 아닌 이상 게시글을 지우지 않는 원칙을 갖고 있어요.

하지만 여전히 어느 기준까지 잊혀질 권리를 적용해야 할지는 사회적으로 논란이 많아요. 상황에 따라서 판단하기가 어려워 보이기도 하고요. 분명한 건 잊혀질 권리가 보장되지 않아 사람들이 부당한 피해를 봐선 안 된다는 점이에요. 그러면서도 잊혀질 권리가 힘 있는 사람들이 자신의 문제들을 숨기는 도구로 전락하지 않도록 균형을 잘 잡아야겠죠?

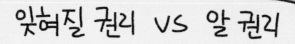

잊혀질 권리 VS 알 권리

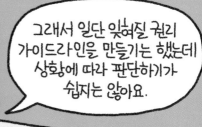

허위정보, 미디어 리터러시로 잡는다!

허위정보는 어떻게 해결해야 할까요? 허위정보 중에서도 의도적으로 나쁜 정보를 만들어 퍼트린 경우, 그 정보를 지워버리고 퍼트린 사람을 처벌해야 한다는 목소리가 커요. 그런데 선진국에서는 허위정보 자체를 처벌하는 경우는 거의 없어요. 왜일까요?

가장 큰 이유는 허위정보인지 아닌지 판단하기 쉽지 않기 때문이에요. 지금은 거짓이라고 생각하지만 시간이 지나면 진실로 밝혀지는 경우도 많고요. 앞에서 살펴본 5·18 민주화운동을 떠올려 보면 당시만 해도 정부가 시민들을 학살했다는 주장을 '유언비어'라고 했어요. 그리고 이 진실을 밝히며 정부에 맞선 많은 사람이 경찰에 끌려가야 했죠.

이처럼 허위정보에 대한 규제가 만들어지면 정부가 진실인지 아닌지 판단할 텐데, 자신들의 잘못이나 불편한 진실을 부정하면 진실이 곧 거짓이 되어버리는 문제가 있어요. 또 일이 정확히 밝혀지지 않은 경우, 진실인지 아닌지 당장 분명하게 드러나지 않기도 하죠. 이런 상황에서 허위정보를 규제하고 처벌하면 자칫 진실을 말하는 사람을 억압하는 문제가 생길 수 있어요.

사실 놀랍게도 이미 한국에서는 허위정보를 처벌하는 법이 있었다가 사라졌어요. 왜일까요? 2007년에 '미네르바'라는 닉네임을 쓰는 네티즌이 정

부의 경제정책을 비판하는 글과 경제 상황을 예견하는 글을 써서 큰 인기를 끈 적이 있어요. 당시 정부는 허위사실을 유포했다면서 그를 체포했죠. 이유는 전기통신법을 위반했다는 거였어요. 그 법은 인터넷에서 거짓말을 해 공익을 해하면 처벌하겠다는 내용이에요.

하지만 미네르바는 이 법 조항이 문제가 있다고 주장했고 이 법을 내버려 둬야 하는지 아니면 없애야 하는지 판단하는 헌법재판소는 이 법 조항을 없애야 한다고 결정해요. 당시 헌법재판소의 결정문 내용은 다음과 같아요.

"허위사실이라는 것은 언제나 명백한 관념은 아니며 어떠한 표현에서 의견과 사실을 구별해내는 것은 매우 어렵고, 객관적인 진실과 거짓을 구별하는 것 역시 어려우며, 현재는 거짓인 것으로 인식되지만 시간이 지난 후에 그 판단이 뒤바뀌는 경우도 있기 때문에 허위사실의 표현도 헌법상 표현의 자유의 보호영역에 포함된다."

허위정보 처벌이 해결책이 아니라는 사실은 이미 과거에 증명됐던 거죠. 그렇다고 허위정보를 방치할 수는 없는 상황이긴 해요. 특히 과거보다 인터넷 미디어의 영향력이 커지면서 더 급속도로 더 정교하게 허위정보가 퍼지는 문제가 있어요. 그러면 어떻게 해야 할까요?

뉴스 미디어가 하나의 해결책이 되고 있어요. 허위정보가 나왔을 때 사람들에게 이것이 사실인지 아닌지 알려 주는 역할을 하는 거죠. 세계 각국에서는 허위정보에 대응하면서도 역효과가 없는 대책을 고민한 결과로 팩트체크 기사를 많이 쓰고 있어요. '팩트체크'란 인터넷에 떠도는 정보가 사실인지 아닌지 확인하고 검증하는 기사를 말해요. 프랑스에서는 '크로스체크'라는 이름으로 여러 언론사가 함께 머리를 맞대서 팩트체크 기사를 쓰고 있어요. 한국에서는 서울대 언론정보연구소의 팩트체크센터가 언론사들이 쓴 팩트체크 기사를 모아서 보여 주는 서비스를 운영하고 있어요. JTBC는 방송에 아예 팩트체크를 하는 코너를 만들었고요. 팩트체크를 전문으로 하는 '뉴스톱'이라는 미디어도 생겨났어요.

팩트체크 결과는 페이스북, 유튜브 같은 인터넷 사업자들도 알고리즘에 반영하고 있죠. 페이스북의 경우 팩트체크를 통과하지 못한 정보는 사람들 눈에 안 띄도록 알고리즘을 조정하는 노력을 하고 있어요. 유튜브는 논란이 있는 사안을 검색했을 때 언론사의 뉴스를 유튜버들이 올린 영상보다 더 눈에 잘 띄게 배치하고 있어요. 언론사의 기사는 취재 과정에서 팩트체크를 충실히 한 경우가 많다고 생각하기 때문이에요.

가장 이상적인 건 사람들이 직접 허위정보인지 아닌지 분별해내는 거예요. 미디어가 보여 주는 걸 그대로 받아들이지 않고 사실인지 아닌지, 믿을 만한지 아닌지 따져 보는 거죠. 이런 방법을 교육하는 나라도 많아졌는데 이 교육을 특별히 '미디어 리터러시' 교육이라고 불러요. 미디어를 능동적으로 읽어내는 방법을 배우는 거죠. 요즘은 온라인 공간에서 어떻게 허위정보를 분별할 수 있을지를 많이 교육해요. BBC 방송사가 만든 가이드라인이 하나의 예라고 할 수 있어요. 다음과 같이 소셜미디어에서 허위정보를 구분하는 방법을 공유하면서 허위정보에 휘둘리지 않도록 교육하고 있어요.

- 정보의 출처가 들어본 적이 있는 뉴스 제공사인가?
- 내가 생각한 그 뉴스 소스인가 아니면 비슷한 곳인가?
- 일이 일어났다고 하는 곳이 지도상에서 정확히 알 수 있는 곳인가?
- 다른 곳에서도 보도된 적이 있는 이야기인가?
- 이 주장에 대한 하나 이상의 증거가 있는가?

　내가 온라인에서 접한 정보가 진짜인지 궁금하다면 이 내용을 참고해 보면 어떨까요? 무조건 허위정보를 규제하면 문제가 되지만, 미디어가 어떻게 사실을 확인하는지 살펴 보면 미디어를 비판적으로 보는 데에 활용할 수 있을 거예요.

5장

올바른 시각으로
미디어를 바라보려면?

능동적 미디어 사용을 위한 체크리스트

　지금까지 미디어의 여러 면을 함께 살펴봤어요. 미디어는 사람과 사람을 연결해 주고, 즐거움을 줄 뿐만 아니라 권력에 맞설 힘까지 지닌 영향력 있는 존재예요. 그러나 한편으로는 현실을 왜곡하거나 문제가 있는 표현을 쓰는 등 제 역할을 하지 못하는 경우도 많았어요. 특히 인터넷의 등장으로 뉴미디어 시대가 열리면서 미디어가 새로운 변화를 이끌었지만 다른 한편에서는 나쁜 콘텐츠가 많이 쏟아지는 부작용도 생겼어요. 이번 장에서는 앞으로 기사를 읽거나 콘텐츠를 볼 때, 그리고 내가 직접 미디어를 제작할 때 어떻게 하면 조금 더 현명하고 능동적인 이용자와 창작자가 될 수 있는지 이야기해 볼게요.

뉴스를 볼 때

● 이 정보는 어디에서 왔을까?

우리가 접한 정보가 신뢰할 수 있는 정보인지 아닌지 판단하기 위해서 가장 먼저 이 정보를 누가 만들었는지 살펴보면 좋아요. 메신저 대화방이나 인터넷 커뮤니티 등에 돌아다니는 글은 누가 만들었는지 출처가 분명하지 않은 경우가 많아 신뢰하기 어려워요.

언론사에서 만든 기사라고 해도 무조건 믿어서는 안 돼요. 우선 이 기사를 만든 언론사가 믿을 만한 곳인지부터 따져 봐야 해요. 언론사 사이트에서 소개하는 내용을 보면 이 언론사가 어떤 역사를 가졌는지 알 수 있어요. 언론사가 자신들과 특별히 관련이 있는 내용을 다룰 경우 비판적으로 받아들일 필요도 있어요.

같은 언론 기사라도 온라인 전용 기사는 게이트 키핑이 제대로 이뤄지지 않은 경우가 종종 있어요. 온라인 기사는 빨리 올리고 쉽게 수정 가능한 점이 장점이지만, 속도를 중시하기 때문에 사실을 제대로 확인하지 않고 기사를 내보내는 경우가 종종 있거든요. 많이 클릭할수록 돈을 많이 벌수 있기 때문에 꼼꼼하고 신중하게 사실을 확인하기보다는 자극적인 기사를 쓰기도 하고요.

　때로는 같은 언론사의 기사인데, 온라인 기사와 종이 기사의 내용이 다른 경우도 있어요. 제대로 취재하지 않고 실시간 검색어에 맞춰 기사를 급하게 냈다가 진실이 밝혀지면 종이 신문에는 바른 내용을 싣는 거죠. 이런 경우 포털에 올라온 기사를 보면 종이 신문에 실린 기사는 따로 종이 신문 아이콘이 떠 있으니 참고해 볼 수 있어요.

　기자가 누구인지 살펴보는 것도 도움이 돼요. 인터넷에서 언론 기사를 보면 기자의 이름과 이메일 주소가 있는데, 이를 '바이라인'이라고 불러요. 바이라인에는 기사를 작성한 기자의 이름을 드러내면서 이 내용에 책임을 지겠다는 의미가 담겨 있어요. 그런데 실시간 검색어를 내세워 쓴 기사의 경우 작성자가 '온라인팀', '온라인뉴스팀'으로 되어 있는 경우가 많아요. 기사의 신뢰도를 위해선 누가 쓴 기사인지 확인해 보면 좋겠죠?

● 빠진 목소리 찾아보기

　친구와 싸웠는데 기자가 여러분의 이야기를 안 듣고 친구의 말만 듣고 기사를 쓴다면 억울하겠죠? 여러 사람이 갈등을 벌이고 있는 사안에서 한쪽 목소리만 담으면 누군가는 억울한 일을 당할 수 있어요. 가령 인터넷 커뮤니티에 올라온 놀라운 폭로글이 알고 보니 한쪽의 일방적인 주장인 경우가 많잖아요? 그렇기 때문에 문제와 관련이 있는 다양한 사람의 주장을 함께 살펴봐야 해요.

언론 기사도 마찬가지예요. 어느 한 사람의 목소리만 담겨 있다면 사실과 다를 수 있어요. 한 신문사는 북한의 높은 관리가 총살됐다는 기사를 썼는데, 이후에 그 사람이 멀쩡히 살아서 한국에 방문한 일이 있어요. 이런 기사는 주로 북한의 정보를 수집하는 관계자에게서 제보를 받는데, 우리가 직접 확인할 수 없는 소식이기에 일방적인 주장에 속는 경우가 잦아요. 그래서 북한을 대상으로 한 기사가 유독 오보가 많아요. 당사자의 입장이 빠진 기사는 자칫 사실을 왜곡할 수 있는 거죠.

사회적으로 힘없는 약자들의 목소리가 빠지지는 않았는지도 잘 살펴봐야 해요. 기업과 노동자가 대립할 때 기업은 미디어에 돈을 주면서 자신에게 유리한 기사를 내기 위해 노력해요. 반면 노동자들은 그럴 힘이 부족한 경우가 많아요. 그래서 노동자들의 얘기는 듣지 않은 채 일방적으로 회사 얘기만 듣고 기사가 나가는 경우도 있어요.

하나의 사건을 파악할 때 성향이 다른 여러 언론사의 기사를 두루 살펴보면서 '빠진 목소리'를 채울 수 있어요. 관점이 다른 여러 신문을 함께 보면 한쪽에만 휘둘리지 않을 수 있을 거예요.

● 충분한 정보를 얻고 판단하기

기사를 봐도, 인터넷에 올라온 글을 봐도 도저히 판단이 서지 않을 때가 있을 거예요. 어떤 사건을 두고 사람마다 완전히 다른 주장을 하고 있어서 진실을 파악하기 힘든 경우가 많아요. 이럴 때 한쪽의 주장만 믿고 누군가를 비난하기 쉬운데 그 결과 억울한 피해자가 만들어지기도 해요. 이런 경우는 경찰이 조사하거나 사건의 실체가 드러날 때까지 판단을 미루는 게 좋아요. 인터넷상에 즉각적으로 올라오는 기사나 이야기 외에도 필요한 정보를 충분히 수집한 다음에 판단하는 것이죠.

특히 나를 분노하게 만들거나 지나치게 반갑게 하는 소식은 의심해 보는 게 좋아요. 이런 정보는 우리가 감정적으로 반응하고, 공유하길 바라고 만든 것일 수 있기 때문이에요. 한 발 떨어져 차분하게 대응한다면 의도적으로 허위정보를 퍼뜨리는 사람들에게 휘둘리지 않을 수 있어요.

우리가 뉴스를 볼때 주의할 점

즐길 거리를 볼 때

● 나쁜 표현 인지하기

웹툰 사이트의 댓글, 인터넷 방송, 심지어는 정규 예능 프로그램에서도 알게 모르게 혐오 발언이 쏟아지고 있어요. 또 매우 선정적이고 자극적인 콘텐츠도 많죠. 이런 문제가 있는 표현 자체를 접하지 않으려면 아마 눈과 귀를 닫고 살아야 할 텐데 그러기는 불가능해요. 재미있는 방송을 하는 인기 크리에이터가 종종 차별, 혐오 발언을 하거나 편견을 부추길 수 있는 얘기를 할 때는 어떻게 해야 할까요?

가장 중요한 건 무엇이 문제가 되는 표현인지 아는 것이에요. 우리가 혐오 표현을 모두 다 외울 수는 없지만 그 표현이 편견을 바탕으로 해서 누군가에게 상처를 주고, 차별로 이어질 수 있는지 생각해 보는 게 좋아요. 특정 성별이나 직업에 대해 안 좋게 말하거나 놀림거리로 만드는 일 같이요.

부적절한 표현이 나올 경우 문제를 제기하는 것도 좋은 방법이에요. 글 작성자나 크리에이터, 방송사 게시판을 통해 문제를 지적할 수 있죠. 실제로 부적절한 발언을 해서 논란이 된 경우를 보면 미처 문제가 된다는 걸 모르고 쓴 경우가 적지 않아요. 지적을 받은 후 사과하고 다시는 그런 표현을 쓰지 않는 분도 많고요. 쉽게 쓰던 표현도 다시 한번 살펴보는 것이 좋겠죠?

● 악마의 편집을 고려하기

우리가 보는 수많은 영상들은 대부분 편집된 내용이에요. 같은 사람이 한 말이라도 편집을 어떻게 하느냐에 따라 완전히 다른 모습으로 보일 수 있어요. 리얼리티쇼나 오디션 프로그램에서 건방지게 나온 출연자들이 악마의 편집을 당했다며 억울하다고 하는 모습 많이 봤죠?

어떤 오디션 프로그램 출연자는 신체 검사에서 혈압을 조작한 사실이 드러나 뒤늦게 군대에 다녀왔어요. 그런데 이 참가자가 방송에 나오자마자 반성을 하기는커녕 자신이 군대에 가지 않기 위해 썼던 방법을 언급하며 농담을 했어요. 방송이 나가고 이 참가자는 많은 시청자들의 비판을 받았죠.

그런데 당시 이 참가자와 함께 출연한 다른 사람이 SNS에 글을 올려요. 참가자가 방송에 올라서자마자 과거 일에 대해 국민들에게 사과하고 싶었다는 말에 이어 고개를 숙였는데 이 내용은 방송에 나오지 않았다는 거였죠. 논란이 된 참가자도 "인터뷰에서 99%의 제 진심과 얘기는 편집된 채 1%의 흥미 요소만 나와 왜곡된 모습이 비쳐 후회스럽다"고

말했어요.

이처럼 논란이 될 만한 대목만 부각하는 방식의 악마의 편집도 있고요. 프로그램에서 참가자가 인상을 찌푸리거나 화를 내는 장면을 관련 없는 내용 바로 뒤에 내보내서 왜곡하는 경우도 있어요. 이런 악마의 편집은 편집 과정에서 재미있어 보이려 하거나 내용의 극적인 면을 강조하려다 벌어지는 경우가 많아요. 현장에 있지 않은 이상 우리가 악마의 편집을 일일이 파악하기는 쉽지 않겠지만 방송 출연자에 대한 논란이 생길 때 혹시 악마의 편집 가능성이 있는지, 당사자는 어떤 입장인지 함께 살펴보면 좋겠어요.

● 광고인지 아닌지 의심하기

요즘은 콘텐츠로 위장한 광고가 정말 많아요. 건강 프로그램 같은 곳에서 몸에 좋은 걸 많이 소개해 주잖아요. 그런데 그런 방송이 알고 보면 관련 제품을 판매하는 회사에서 돈을 주고 만든 협찬 프로그램인 경우가 있어요.

인터넷 공간에서 광고는 점점 교묘하게 만들어지고 있어요. 전자기기나 장난감 같은 제품을 리뷰하고 소개하는 콘텐츠가 SNS와 유튜브 같은 동영상 사이트에 많은데요, 자연스러워 보이는 리뷰가 회사에서 만든 광고인 경우가 적지

않답니다. 대놓고 광고를 하면 사람들이 보지 않으려고 하기 때문에 자연스럽게 콘텐츠에 녹여내서 광고인지 아닌지 알아보기 힘들게 만들고 있어요. 게다가 요즘은 장점만 말하면 광고라는 사실이 티가 나기 때문에 일부러 단점도 조금씩 언급해 준다고 하네요.

그럼에도 양심이 있는 방송사나 크리에이터들은 돈을 받고 만든 경우에는 이를 콘텐츠에 언급하고 있어요. 특히 유튜브에서 영상을 올릴 때 돈을 받고 만든 광고가 포함될 경우 자율적으로 '유료광고 포함'이라는 문구를 영상 하단에 붙이도록 하고 있어요. 어떤 크리에이터가 이런 걸 잘 지키는지 눈을 크게 뜨고 보는 게 중요해요.

미디어를 만들 때

● 누구에게 어떤 얘기를 하고 싶나요?

요즘은 직접 콘텐츠를 만드는 사람들이 정말 많죠. 여러분 중에서도 크리에이터를 꿈꾸는 분들이 적지 않을 거 같아요. 1인 미디어로 성공한 사람들의 이야기를 들어 보면 자신의 콘텐츠 정체성이 확실한 경우가 많아요. 여러분이 구독하거나 즐겨 찾는 미디어를 떠올려 봐도 마찬가지일 거예요. 나의 취향과 맞는 콘텐츠를 일관되게 올리는 채널을 구독하는 경우가 많지 않나요? 그러니 어떤 사람들에게 어떤 이야기를 하고 싶은지 정하고 콘텐츠를 만들면 성공할 확률을 높일 수 있어요.

어떤 콘텐츠를 만들고 싶은지에 따라 다른 서비스를 선택해 볼 수도 있어요. 유튜브 외에도 게임 방송을 전문적으로 하는 서비스인 '트위치'라는 서비스에서 활동할 수도 있고요. 짧은 영상 속에 코믹한 모습을 담거나 춤을 추는 모습을 담고 싶다면 '틱톡'이 걸맞은 서비스예요. 영상 출연이 부담스러운데 토크에 자신이 있다면 팟캐스트를 해 보는 것도 좋은 방법이죠. 팟캐스트는 오디오 형태로 만드는 미디어로 '아이튠즈'나 '팟빵' 같은 서비스를 통해 올릴 수 있어요. 채팅 형식의 방송을 하고 싶다면 '스푼 라디오'라는 서비스도 활용할 수 있고요.

이렇게 어떤 콘텐츠를 만들지, 어디에서 활동할지 고른 다음 가장 중요한 건 성실함이랍니다. 처음에는 사람들이 반응하지 않아도 꾸준히 올려야 해요. 주기적으로 콘텐츠를 올려야 사람들한테 자신을 각인시킬 수 있거든요. 성공한 유튜버들도 처음 1년 정도는 고독할 정도로 댓글을 달거나 영상을 보는 사람이 거의 없었다고 해요. 그러니 시작했다면 끈기를 갖고 할 필요가 있어요. 꾸준하게 활동하기 위해서는 무엇보다 자신이 좋아하는 소재를 골라야 하겠죠?

● 누군가의 권리를 침해하지는 않을까?

영상을 만들기 위해 요새 유행하는 음악을 넣거나, 재미있는 사진이 필요할 때 영화나 드라마 속 장면을 넣는 경우가 많아요. 그런데 이렇게 콘텐츠를 만들다가는 저작권법을 위반할 수도 있어요. 무슨 소리냐고요? 저작권은 그 콘텐츠를 만든 사람이 가진 권리예요. 내가 심혈을 기울여 만든 콘텐츠를 누가 무단으로 퍼간다면 억울하겠죠? 이런 문제를 막기 위해 법으로 사진, 음악 등 여러 콘텐츠의 저작권을 보호하고 있어요.

유튜브에서는 저작권 없이 쓸 수 있는 음악을 따로 다운로드할 수 있게 제공하고 있어요. 또 인터넷에 돌아다니는 콘텐츠 중에 '크리에이티브 커먼즈 라이선스(CCL)'라는 인증 마크가 있으면 조건에 따라 활용할 수 있어요. 이 라이센스는 '저작권 보호'보다 '콘텐츠 공유'라는 가치를 더 중시하는 사람들이 자신이 만든 콘텐츠의 사용을 허락하는 개념이에요.

저작자 표시　　비영리 사용　　변경 금지　　동일조건 사용

또 하나 중요하게 보호해야 할 권리가 초상권이에요. 인터넷 방송에서 길을 가던 사람들의 얼굴이 나오게 영상을 찍거나, 과도한 경우에는 본인의 허락을 받지 않고 인터뷰를 하는 일이 많은데요, 이런 식으로 콘텐츠를 만들어 올리면 그 사람의 초상권을 침해해서 법적으로 문제가 될 수 있어요. 초상권은 자신의 얼굴이나 모습이 동의를 구하지 않은 상황에서 사용되는 걸 보호하는 권리예요. 여기서 초상은 넓게 보면 영상뿐 아니라 음성도 포함되니 팟캐스트를 만들 때도 유의해야 해요.

● 나에 대한 과도한 정보 남기지 않기

우리는 오늘도 발자국을 남기듯 인터넷상에 많은 흔적을 남기고 있어요. SNS를 통해 여름에 어디로 여행을 갔는지, 친구와 만나서 무엇을 먹었는지 시시각각 알리고 있죠. 검색 기록만으로도 우리가 무엇을 사고 싶은지, 무엇을 좋아하고

무엇을 싫어하는지, 어디가 아픈지 알 수 있어요. 특히 콘텐츠에 직접 출연하면 어떻게 생겼는지, 어디에 사는지 등 보다 자세한 정보를 남기게 돼요.

그런데 이렇게 무심결에 남긴 기록이 나를 얽매는 족쇄가 될 수도 있어요. 인터넷에 남긴 나에 대한 과도하게 많은 정보는 개인정보가 유출되는 원인이 될 수 있거든요. 누군가가 내 집 주소를 알아내서 찾아와 나를 괴롭힐 수도 있고요. 내 얼굴이 나온 사진이나 영상을 사람들이 저장해서 내가 원하지 않는 목적으로 사용할지도 몰라요.

앞에서 '잊혀질 권리'에 대한 이야기를 했는데요, 인터넷에서는 내가 영상이나 사진, 글을 삭제해도 누군가 이미 퍼갔다면 인터넷에서 끊임없이 복제되곤 해요. 그러니 개인적인 내용을 올릴 때는 괜찮은 내용인지 점검해 봐야 해요. 내가 지운 영상이나 글이 사라지지 않고 다른 사람들에 의해 계속 돌아다닐 수 있으니까요.

미디어를 바꾸는 우리의 행동

"땡!"

"전두환 대통령은~"

전두환 정부 당시 KBS 9시 뉴스는 9시를 알리는 시계가 '땡' 하면 '전'두환 대통령의 소식부터 내보내서 '땡전뉴스'라는 별명이 생겼어요. 대부분의 소식은 정부에 유리한 내용으로 가득 찼죠. 정부가 소유한 방송인 KBS가 독재 권력을 제대로 비판하지 못한 거예요.

그러다 1984년, 지역 종교단체와 시민단체가 KBS에 시청료를 내지 않겠다는 저항을 시작하면서 '시청료 납부 거부운동'이 벌어졌어요. 그 결과 1988년에 거둔 시청료는 절반 이하까지 떨어졌다고 해요. 문제가 있는 미디어에 맞선 시민들의 행동이 권력자들에게 위협이 됐던 사건이에요.

미디어에 문제가 있을 때 시민들이 힘을 모으면 강력한 저항을 할 수 있어요. 공영방송처럼 국민이 낸 돈으로 운영되는 방송은 수신료 납부 거부에 많은 사람이 동참하면 강력한 효과를 낼 수 있어요. 또 많은 미디어가 광고를 통해 돈을 버는 만큼 광고주를 통한 불매운동을 하는 것도 하나의 방법이에요. 시민들이 직접 광고주에게 전화해서 특정한 미디어에 광고하지 않도록 요구하는 거죠. 기업은 소비자를 신경 쓰기 때문에 많은 시민들이 이런 요구를 하면 광고를 중단하는 결정을 내려요.

최근에는 영향력이 막강해진 페이스북, 유튜브 같은 서비스들도 문제가 있는 콘텐츠를 제대로 거르지 못하거나, 문제가 없는 콘텐츠를 삭제하는 등 표현의 자유를 침해하는 일이 생기면 시민들이 반발하고 있어요. 자신이 겪은 부당한 일을 공개적으로 알리기도 하고요. 여러 단체가 나서서 페이스북이나 유튜브 같은 사업자들을 상대로 목소리를 내고 있어요. 한 사례로 어떤 유튜버가 트랜스젠더를 비하하자 트랜스젠더를 대변하는 단체가 나서서 문제를 제기한 적도 있고요. 여성혐오 콘텐츠가 인터넷상에 끊이지 않자 여성단체들이 유튜브, 페이스북, 트위터를 찾아가서 면담을 요청한 일도 있어요.

문제가 있는 미디어에 저항하는 만큼 좋은 미디어를 찾는 일도 중요해요. 특히 대부분의 미디어가 광고주로부터 자유롭지 않은 상황에서 어렵게 탄생한 비영리 언론을 도울 수 있어요. 비영리 언론은 시민들이 낸 돈으로 운영되기에 기업의 간섭을 받지 않고 보도를 할 수 있다는 장점이 있어요. 내가 원하는 미디어에 직접 후원을 해 볼 수도 있죠. 건강한 미디어를 발견하고 관심을 주면 좋은 미디어 환경을 만드는 데 보탬이 될 수 있어요.

미디어와 관련한 시민단체를 후원하는 것도 하나의 방법이에요. 우리나라에는 미디어를 모니터링해서 문제점을 공개하는 시민단체 '민주언론시민연합'이 있고요. 더 나은 언론이 되기 위해 해야 할 일을 제시하는 단체 '언론개혁 시민연대'도 있어요. 또 미디어로부터 피해를 입은 사람들을 도와주는 시민단체인 '언론인권센터'도 있죠. 이런 단체들도 시민들의 후원을 받아서 운영되기에 관심과 후원이 있을수록 의미 있는 일을 할 수 있어요.

인터넷 이용자로서 적극적으로 대응하는 방법도 있어요. 인터넷상에 허위정보를 보면 페이스북, 유튜브 등에서는 '신고하기' 기능을 통해 이런 콘텐츠가 더 이상 퍼지지 않도록 조치를 취할 수 있어요. 콘텐츠를 일일이 관리하지 못하지만 많은 사람이 신고한 내용은 비교적 자세히 살펴보거든요.

요즘은 미디어로부터 피해를 당하는 경우도 많아요. 특히 인터넷 방송이 활성화되면서 나도 모르는 사이에 길을 거니는 내 모습이 인터넷 방송에 올라오는 등 초상권 침해 문제가 많아요. 아니면 나에 대해 누군가가 악의적인 글을 올려서 피해를 볼 수도 있고요. 이럴 때는 피해를 구제해 주는

기구에 민원을 넣을 수 있어요. 언론사 보도가 내 권리를 침해했다면 '언론중재위원회'를 찾아가면 되고요. '방송통신심의위원회'는 방송은 물론 인터넷 게시글에 대한 삭제 여부를 심의를 하기 때문에 인터넷 게시글로 피해를 받았다면 여기에 민원을 넣으면 돼요.

1인 미디어 시대이니 직접 미디어를 만들어 보는 것도 좋은 방법이에요. 유튜브 크리에이터 중에 '굴러라 구르님'이라는 분이 있는데요, 이분은 학생이자 뇌성마비 장애인이에요. 뇌성마비는 뇌에 이상이 생겨서 특정한 자세나 운동을 잘 못하게 되는 질환을 말해요. 구르님은 '장애인도 비장애인들과 같은 사회의 일원으로 함께 존재한다'는 것을 알리기 위해 유튜브를 시작했어요. 영상을 통해 학교에서 장애인 친구를 배려하기 위해서 쉬운 일을 도와주거나 게임에서 벌칙도 봐주는 건 배려가 아니라 상처가 될 수 있다고 얘기해요. 자신이 선 위치에서 느끼는 문제를 직접 이야기하는 미디어 활동을 하고 있는 거죠.

마찬가지로 여러분도 여러분에 대한 다양한 얘기를 할 수 있어요. 악기 연주나 다이어리 꾸미기처럼 좋아하는 취미 활동을 하는 모습을 올려 공감을 얻을 수도 있고, 평범한 일상을 나만의 시선으로 담아내 올릴 수도 있어요. 영상이 아니더라도 웹툰이나 블로그의 글, SNS에 올릴 사진 등 다양한 방식으로 미디어 콘텐츠를 만들어낼 수 있어요. 학생으로서 느끼는 학교의 인권침해 문제나 아르바이트생으로서 느끼는 부조리, 사교육 문제도 다뤄볼 수 있겠죠. 미디어 채널은 누구에게나 활짝 열려 있어요.

이제 우리는 미디어의 내용을 받아 보기만 하는 수용자가 아니에요. 직접 미디어가 되어 소리를 낼 수도 있고, 나쁜 미디어가 있다면 문제점을 알리는 적극적인 행동도 할 수 있어요. 그리고 무엇보다 좋은 미디어가 많아지도록 격려하고 지지하는 역할도 할 수 있죠. 우리 사회가 좋은 방향으로 발전할 때는 늘 그 곁에 좋은 미디어들이 있었으니까요. 미디어는 주어진 게 아니라 우리가 어떻게 가꾸느냐에 따라 변할 수 있다는 사실을 기억하면 좋겠어요.

기자가 알려 주는 좋은 기사 쓰는 법

어떻게 해야 좋은 기사를 쓸 수 있을까요? 제가 기자 생활을 하면서 선배 기자들에게 배운 몇 가지 팁을 알려드릴게요. 꼭 기자를 꿈꾸지 않더라도 블로그나 유튜브에 올릴 콘텐츠를 만들 때도 참고할 수 있을 거예요.

● 알려 주는 대로 쓰지 말고 의심해 봐요

기자들은 보통 출입처에서 기사를 써요. 출입처는 그 기자가 맡은 분야의 기관을 말해요. 국회 출입 기자면 국회가 출입처고, 교육 분야를 취재하는 기자면 교육부가 출입처예요. 기자들이 출근하면 출입처에서 매일 '보도자료'라는 이름의 문서를 나눠 줘요. 보도자료는 그 날 기사로 나가면 좋을 사안들을 설명해 주는 문서예요. 수많은 언론사의 기사가 매일 비슷한 이유가 바로 보도자료를 중심으로 기사를 쓰기 때문이에요.

그런데 보도자료의 함정은 그 출입처에서 하고 싶은 말을 적은 문서라는 점이에요. 주는 자료대로 받아썼는데 그 내용이 사실과 다를 수가 있거든요. 실제로 세월호 참사 때 정부는 기자들에게 대규모 인력이 투입된 구조 작전이 밤낮으로 이뤄진다는 내용의 보도자료를 나눠줬어요. 그러나 실제 현장에는 구조 인력이 제대로 투입되지 못하고 있었죠. 잘못된 보도자료를

옮겨 쓴 보도로 사람들이 사실과 다른 내용을 사실처럼 알게 되고, 유가족들은 상처를 받아야 했어요.

그러니 기사를 쓸 때는 누가 알려 주는 대로만 적어서는 안 돼요. 자료를 의심해 보고 담당자에게 연락해 자세한 내용을 물어보면 출입처에서 감추려고 하는 사실이 무엇인지 알 수 있어요. 출입처 담당자보다 그 사안을 잘 알아야만 제대로 질문할 수 있기 때문에 자신이 맡은 분야에 대해 공부를 많이 할수록 도움이 된답니다. 또 누구나 정보공개청구 제도를 통해 정책에 대한 내용을 물어볼 수 있어요.

● **직접 현장의 목소리를 들어 봐요**

자료에만 의존하지 않고 직접 현장을 찾아가는 것도 좋은 방법이에요. 만약 입시 제도가 바뀌어서 학생들에게 좋은 영향이 예상된다는 보도자료가 나왔다면 직접 학생들을 만나 생생한 이야기를 들어 볼 수 있겠죠. 그 과정에서 예상치 못한 문제점이나 고충을 듣게 될 수도 있고요. 그러면 기존에 언론이 다루지 못한 새로운 문제를 찾아낼 수도 있어요.

사람을 만날 때는 다양한 사람을 많이 만날수록 좋아요. 많은 사람을 만날수록 공통적으로 느끼는 문제점이 뭔지 알 수 있고요. 특정 사안에 대해 의견이 다른 다양한 사람들을 만나면 그 문제에 대한 여러 관점을 기사에 반영할 수 있겠죠. '좋은 저널리즘 연구회'라는 언론연구단체에서 '좋은 기사의 요건'을 정했는데요, 이 요건을 보면 해당 사안과 관련이 있는 이해당사자가 네 명 이상 나오고, 단일한 관점이 아닌 복합적 관점이 담길수록 좋은 기사라고 해요.

사람을 만날 때는 반드시 문제의 당사자를 꼭 만나야 해요. 예를 들어서 중학생에게 교복을 입게 하는 게 옳은지 아닌지를 취재하는 기자가 교육부 공무원과 학부모들을 아무리 많이 만났다고 해도 정작 중학생들의 목소리가 담기지 않았다면 좋은 기사라고 할 수 없어요.

● 익명 뒤에 숨은 보도는 위험해요

우리나라 기사를 보면 '관계자'라는 말이 정말 많이 나와요. 청와대 관계자, 야당 관계자, 교육부 관계자, 기업 관계자 등 기사에 나온 사람들이 실명을 드러내지 않고 익명으로 기사에 등장해요. 이렇게 익명으로 등장하고도 언론을 통해서 자신이 하고 싶은 말을 하고 있죠.

　기사에 자신의 이름이 등장하는 게 부담스러울 수 있지만 이런 보도는 좋은 보도라고 볼 수 없어요. 사람이 자신의 실명을 드러내지 않으면 그 말이 문제가 되어도 책임지지 않아도 돼요. 사람들은 누가 그 말을 했는지 모르니까요. 그래서 잘못된 경제 전망을 하거나, 누군가를 향해 쉽게 비난의 말을 던지기도 해요. 의도적으로 거짓말을 할 수도 있고요. 그러니 가급적이면 익명의 제보를 듣게 되면 그 발언의 진위를 살펴보면 좋고, 책임을 져야 할 발언을 하는 사람이라면 실명을 쓸 필요가 있어요.

　미국의 〈뉴욕 타임스〉는 익명이 등장하는 보도를 '예외'로 두고 있어요. 다음과 같은 조건을 충족해야만 익명으로 쓸 수 있게 했어요. 첫째, 믿을 만하고 뉴스 가치가 있는 정보를 실명으로는 도저히 얻을 수 없을 때. 둘째, 그런 정보는 보도를 늦출 수 없을 정도로 중요하고 시급할 때. 셋째, 그 정보를 다른 방법으로는 결코 얻을 수 없을 때라고 해요.

● 깊게 취재하며 대안을 고민해야 해요

　"세상에 이렇게 큰 문제가 있어요!"라고 소리치는 것도 중요하지만 근본적으로 그 문제를 어떻게 고쳐야 할지 고민하는 것도 중요해요. 비판이 언론의 사명이지만 단순히 비판하는 데에 그치지 않고 문제가 개선되어야 비로소 기사가 제 역할을 했다고 할 수 있을 거예요.

만일 안전관리에 소홀해 많은 사람이 다친 사건이 일어났다면 왜 안전관리가 제대로 이뤄지지 않았는지 비판하는 기사도 중요해요. 하지만 여기서 한 걸음 더 나아가 구체적으로 안전지침의 어떤 점이 문제였는지 살펴보고, 무엇을 어떻게 바꿔야 같은 문제가 반복되지 않을지 쓴다면 사회적으로 더 큰 의미를 가질 수 있어요.

이런 식으로 문제를 개선할 수 있는 보도를 하려면 단순히 한두 번 취재하는 데 그치지 않고 심층적인 탐사보도를 해야 돼요. 안타깝게도 한국에서는 기자들이 거의 매일 새로운 기사를 써야 해서 오랫동안 한 사건을 취재하기 힘들어요. 유명한 탐사보도 매체들은 기자들이 몇 달 동안 한 문제를 취재하고 있어요. 본질적인 문제를 제대로 다루기 위해선 오랜 시간을 투자해야 하는 것이죠. 다른 일과 마찬가지로 기사를 쓰는 일도 오래 공을 들일 수록 가치 있는 결과물이 나와요. 중요한 일일수록 깊게 고민한다면 좋은 기사를 쓸 수 있을 거예요.

기레기가 되지 않는 방법

의심 또 의심!

발로 뛰는 취재

출처는 정확히!

대안까지 고민하기